딱 10년 젊게 사는
요즘 60세의 심리학

OI WO TANOSHIMU SHINRIGAKU by Yoshihito Naito
Copyright © Yoshihito Naito 2024
All rights reserved.
Original Japanese edition published by Wani Books Co., Ltd.
Korean translation rights © 2025 by INFINITYBOOKS
This Korean edition is published by arrangement with Wani Books Co., Ltd, Tokyo
in care of Tuttle-Mori Agency, Inc., Tokyo, through ERIC YANG AGENCY, Seoul.

이 책의 한국어판 저작권은 EYA Co.,Ltd를 통해 Wani Books Co., Ltd와 독점 계약한 인피니티북스(주)(인라우드)가 소유합니다.

저작권법에 의하여 한국 내에서 보호를 받는 저작물이므로 무단 전재 및 복제를 금합니다.

딱 10년 젊게 사는
요즘 60세의 심리학

즐겁게 나이 들고 싶은
당신을 위한
69가지 심리 기술

나이토 요시히토 지음 • 박은주 옮김

○ 프롤로그

　이 책은 나이가 들어도 생기 넘치는 삶을 유지하는 비법을 소개한다. 그렇다고 해서 복잡하거나 어려운 이야기는 아니다. 큰 노력을 요구하지도 않는다. 누구나 마음가짐을 조금만 바꾸면 날마다 유쾌하고 즐겁게 살아갈 수 있다. 이 책은 그런 삶을 위한 힌트를 제공한다. 내용도 딱딱하지 않으니 편안하게 읽으면 좋겠다. 먼저 여러분에게 묻고 싶다.

"성공적인 나이 듦이란 어떤 상태일까?"

- 병이 없는 것
- 몸을 자유롭게 움직일 수 있는 것
- 기억력이 감퇴하지 않는 것
- 치매에 걸리지 않는 것

아마도 이런 답이 떠오르지 않을까? 만약 그렇다면 지금부터 그 생각을 조금 바꿔보자.

미국 인간인구연구소(Human Population Laboratory)의 윌리엄 J. 스트로브리지 박사는 65세에서 99세 사이의 성인 867명을 대상으로 흥미로운 연구를 진행했다. 먼저 연구 참가자들에게 질환이나 치매 등의 유무와 같은 객관적인 기준에 비춰봤을 때 '성공적인 나이 듦'을 실행하고 있는지 물었다. 그러자 연구 참가자의 18.8%만 '그렇다'라고 답했다.

반면 아무런 기준 없이 주관적으로 생각했을 때 '성공적인 나이 듦'을 실행하고 있는지 묻자, 50%의 연구 참가자가 '나는 잘 나이 들고 있다'라고 답했다.

결국 중요한 것은 자기 생각이다. 젊었을 때보다 몸이 조금 덜 건강하더라도, 생활이 불편하더라도 스스로 '나는 괜찮은 인생을 살고 있으며, 잘 나이 들어가고 있다'라고 생각한다면 진짜 행복한 삶을 살 수 있는 것이다.

미국 캘리포니아대학교 샌디에이고 캠퍼스의 로리 P. 몬트로스 박사도 유사한 연구 결과를 보고했다. 몬트로스 박사는 60세 이상의 연구 참가자 205명에게 질병이나 지병 등의 기준을 제시하지 않고 '당신은 잘 나이 들어가고 있습니까?'라는 질문을 했다. 그 결과, 무려 92%의 참가자가 '나는 잘 나이 들어가고 있다'라고 답했다.

객관적으로는 무릎 관절염에 시달리거나 혈압 또는 중성지방의 수치가 약간 높더라도, 스스로 '나는 살아 있는 것만으로도 행복한 사람이다'라고 여긴다면 행복한 삶을 살 수 있다.

나이가 들어 노년기에 접어들면 누구나 불행해질까? 아니, 절대 그렇지 않다. 이 책을 통해 그동안 눈치채지 못하는 사이에 뿌리내린 나이 듦에 대한 잘못된 편견을 바로잡고, 행복하게 나이 드는 법을 배울 수 있다. 그러니 꼭 마지막까지 읽어보길 바란다.

차례

프롤로그 4

1장 | 나이가 들어도 괜찮다, 요즘 60세의 마인드셋

부정할수록 줄어드는, 뇌의 기억저장장치 '해마' 17
배움에는 '진짜' 나이가 없다 20
나이 들수록 불만도 줄어든다 23
나이 든 사람의 유연한 생각 26
감정 조절의 능력자 29
자기 암시의 위대한 힘 31
치매 유전자, 두렵지 않다 35
엘비스 프레슬리와 죽음의 '4' 38
건강에 좋다고 믿으면 생기는 놀라운 변화 42
실제 나이보다 중요한 건 건강 수명 45
스스로 젊다고 생각하는 사람이 더 오래 산다 48
젊다고 믿으면 근력도 향상된다 51
올바르게 나이 든다는 것 54

2장 | 성공적인 나이 듦을 위한 요즘 60세의 심리 기술

스타일만 바꿨을 뿐인데, 기분도 바뀐다	61
딱 10년 젊어 보이는 스타일링의 효능	65
자신의 삶에 대해 감사하는 마음	68
당신의 집은 안전한가? 60세를 위한 인테리어	71
내가 좋아하는 취미, 뇌가 좋아하는 취미	73
뇌를 깨우는 스마트폰 게임	76
인지 기능 업! 십자말풀이	79
새로운 일을 좋아하는 인간의 뇌	82
마음이 힘들 땐, 자연의 소리를 찾아서	85
뇌를 훈련하는 색다른 방법, 외국어 배우기	89
어린 시절의 기억을 힌트 삼아 새로운 일에 도전하자	93

3장 | 느리게 나이 들고 싶은 요즘 60세의 마음 습관

중요한 것은 나이에 꺾이지 않는 마음　　　　　101
'할지 말지' 고민될 때는, 일단 하자　　　　　　105
나이 드는 것의 특별한 장점　　　　　　　　　109
귀찮은 게 아니다, 너그러워지는 것이다　　　　112
경험치를 통해 쉽사리 흔들리지 않는 나이　　　116
빠르게 걸을수록 치매와 멀어진다　　　　　　　119
머릿속에 '치타'를 떠올려보자　　　　　　　　　122
지금 당신의 '라벨'은 무엇인가　　　　　　　　125
환자가 적은 '한가한' 병원의 회복률이 더 높은 이유　128
비교를 이길 수 있는 사람은 없다　　　　　　　131
운전면허증 자진 반납, 조금은 고민해볼까?　　　134

4장 | 현명하고 지혜로운 요즘 60세의 인간관계

마음이 맞는 사람만 만난다	141
화가 나면 화를 내라	145
날마다 행복해지는 인사의 매력	148
섬세한 성격이 오래 산다	151
호감을 얻는 요즘 60세의 대화법	154
생각보다 기분이 좋아지는 낯선 사람과의 대화	157
친절한 태도의 강력한 힘	161
치매에 걸리면 어린아이가 된다	164
관계는 쌓고 편견은 줄이는 방법	166
자존감이 높은 어른의 특징	169
손주와 시간을 보내는 사람일수록 더 행복하다	172

5장 | 부정적인 생각, 이제는 안녕! 요즘 60세의 멘탈 관리

어떤 생각을 하느냐가 미래를 바꾼다 179

걱정과 불안은 '반론'으로 해소하자 182

무리한 꿈보다 새로운 꿈 185

반려동물을 키우는 사람의 생존율은? 187

우울증은 비만과 함께 찾아오는 위험한 손님 190

지중해식 식단으로 저속노화를 실천하자 193

치매 예방에 효과적인 식습관 196

회복탄력성을 기르는 세 가지 방법 199

운동은 몸과 마음에 특효약 202

기적을 바란다면 매일 꾸준히 몸을 움직이자 204

생활 체조로 몸을 깨우자 207

6장 | 100세 시대, 날마다 더 즐거워지는 인생을 위하여

행복을 발견하는 연습, '행복 일기'를 쓰자	213
행복한 삶을 위한 투자, '스마트홈' 기능	216
일하는 60세의 멈출 수 없는 즐거움	219
나를 슬프게 하는 음악은 듣지 않는다	222
나만의 특별한 스트레스 해소법	225
부자는 다투지 않는다	228
죽음과 직면한 경험에서 얻을 수 있는 것들	231
햇볕은 최고의 우울증 예방약	234
나이 60, 이제 느슨해져도 괜찮다	237
철학자 칸트의 장수 비결	240
도시와 비교할 수 없는, 시골 생활의 매력	243
적당한 음주는 오히려 건강에 좋다	246
에필로그	250

1장

나이가 들어도 괜찮다, 요즘 60세의 마인드셋

부정할수록 줄어드는,
뇌의 기억저장장치 '해마'

 나이 드는 게 싫은가? 대부분 '당연히 싫다'라고 답할 것이다. 과거에는 노인이라고 하면 침착하고 현명하며 지혜로운 긍정적 이미지를 떠올렸지만 요즘에는 애물단지 같은 부정적인 인상을 주는 경우가 많다.

 미국 예일대학교의 루벤 응 박사는 컴퓨터상에 축적된 데이터베이스를 분석해서 1810년부터 2009년까지 노인에 대한 이미지가 어떻게 변화했는지 조사했다. 그 결과, 1810년부터 1880년까지는 노인이 긍정적으로 언급되는 경우가 많았던 반면 1890년 이후부터는 부정적인 표현이 점차 늘어나는 것을 알 수 있었다. 이처럼 최근 100년 동안 노인의 이미지는 '긍정적'에서 '부정적'으로 완전히 바뀌었다.

'노인은 노망이 난다.'
'노인은 혼자서 아무것도 못 한다.'
'노인은 했던 말을 반복한다.'

혹시 이 책을 읽는 여러분도 노인에 대해서 이와 같은 이미지를 가지고 있다면, 지금 바로 그 생각을 바꿔보자. 왜냐하면 '노망이 난다', '혼자서 아무것도 못 한다', '했던 말을 반복한다'라는 이미지를 갖고 있으면 자기 암시 효과가 작용하여 실제로 그렇게 나이를 먹을 수 있다.

'나이가 드니까 건망증이 심해지더라'와 같은 생각을 하면 실제로 건망증이 심해진다는 연구도 있다. 미국 예일대학교의 베카 R. 레비 교수는 관련 주제로 10년 동안 조사를 진행했다. 조사를 시작한 첫해, 레비 교수는 평균 나이 68.54세인 52명의 실험 참가자들에게 나이 듦에 대해 얼마나 부정적으로 생각하는지 물었다. 질문은 '노인의 기억력은 감퇴한다고 생각하는가?'와 같은 내용이었다.

그 후 매년 뇌를 검사하는 자기공명영상(MRI) 장치를 통해 기억력을 담당하는 해마의 부피를 측정한 결과, '노인의 기억력은 감퇴한다'라고 생각하는 사람일수록 해마의 부피가 줄어든다는 것을 발견했다.

부정적으로 생각하면 실제로 그렇게 된다. 반대로 긍정적으로 생각하면 그 또한 현실이 된다. 먼저 '나이 드는 게 싫다'는 생각을 멈춰보자. 나이 듦이 결코 나쁜 일만은 아니니까.

배움에는
'진짜' 나이가 없다

'노인은 잘 움직이지 못한다.'
'노인은 새로운 것을 배우지 못한다.'

사람들 사이에는 이와 같은 고정관념이 널리 퍼져 있다. 그뿐만 아니라 '노인은 컴퓨터 사용에 서툴다'라는 이미지 역시 흔히 떠올리는 편견 중 하나다. 하지만 이러한 생각들은 단지 속설에 불과하다. 노인들도 배움을 통해 충분히 사용할 수 있다. 컴퓨터는 매우 편리해서 고령자라도 이를 활용하면 멀리 떨어져 있는 사람들과 소통하거나 필요한 정보도 손쉽게 찾을 수 있다. '노인은 컴퓨터 사용에 서툴다'는 이미지는 그저 편견일 뿐이다. 그러나 이런 편견이 지속되면, 노인 스스로 컴퓨터 사용을 포기하게 될 수 있다.

독일 훔볼트 대학교의 하르트무트 완드케 교수가 진행한 연구에 따르면, '노인은 컴퓨터가 필요 없다고 생각한다' 또는 '노인은 사용법을 배울 수 없다'라는 편견을 믿는 사람일수록 컴퓨터 조작법을 익히지 못하는 경향을 보였다. 결국 자기 암시 때문에 배울 수 없게 된 것이다.

뇌의 위축이나 노화로 인한 기억력 감퇴는 어느 정도 사실일 수도 있다. 그러나 그보다 더 중요한 사실은 근거 없는 편견을 믿음으로써 잘못된 자기 암시에 빠진다는 점이다. 예를 들어, '이제 나이가 많아서 새로운 기술을 배우기 힘들다'고 생각하면 실제로 배우는 일이 더 어렵게 느껴진다. 하지만 나이와 상관없이 흥미와 관심을 가진다면 누구나 새로운 기술을 습득할 수 있다. 최근에는 고령자를 대상으로 한 컴퓨터 교육이나 스마트폰 활용 강좌도 많아졌다. 이러한 프로그램에 참여하면 어렵지 않게 새로운 기술을 익힐 수 있다. 특히 스마트폰 조작법을 배우면 일상생활이 훨씬 편리해진다.

　스마트폰이나 인터넷 사용이 가능하다면 멀리 떨어진 자녀나 손자들과 쉽게 소통할 수 있다. 이러한 교류는 삶의 활력을 불어넣고 일상을 더욱 즐겁게 만들어 줄 것이다. 결국 '노인은 새로운 기술을 배울 수 없다'는 주장은 근거 없는 속설일 뿐이다. 스스로 이러한 편견을 버린다면 나이와 상관없이 누구나 새로운 기술을 능숙하게 다룰 수 있다.

나이 들수록
불만도 줄어든다

　만약 '노인은 불만을 많이 토로한다'는 고정관념을 가지고 있다면, 그것이 사실과는 다르다는 점을 알아두자. 일반적으로 노인을 떠올릴 때 매사에 불만을 품고 불평을 늘어놓는 이미지를 연상할 수 있다. 그러나 실제로는 그 반대이다. 사람은 나이가 들수록 점점 더 침착해지고 온화해진다. 물론 나이가 들면서 불평과 불만을 토해내는 사람도 있지만 대다수 노인은 나이에 따른 심리적 변화로 인해 더욱 침착하고 온화한 태도를 보이게 된다고 한다.

미국 스탠퍼드대학교의 로라 L. 카스텐슨 교수는 다양한 연령층에 속한 184명의 참가자들에게 무선 호출기를 지급한 후 하루에 다섯 차례 무작위로 호출하는 실험을 진행했다.

호출은 일주일간 오전 9시부터 오후 9시 사이에 무작위로 다섯 차례 이루어졌으며, 참가자들은 호출기가 울릴 때마다 그 순간의 감정을 '기쁘다', '즐겁다', '슬프다', '화가 난다', '성가시다'와 같이 기록으로 남겼다.

이렇게 수집된 감정 기록 데이터를 분석하자 매우 흥미로운 사실이 발견되었다. 분노, 불만, 슬픔, 혐오와 같은 부정적인 감정이 연령대가 올라갈수록 감소하는 경향을 보인 것이다. 부정적인 감정은 대체로 60세에 이르면서 점차 줄어들며, 이후에는 더는 큰 변화 없이 완만한 곡선을 그리며 바닥에 이르는 것으로 나타났다.

실제로도 '노인은 불평과 불만이 많다'라는 통념과 달리, 오히려 나이가 들수록 불만을 느끼는 일은 줄어든다. 불평과 불만을 쉽게 느끼는 것은 오히려 젊은 세대에서 더 흔히 나타난다.

"저 상사 언젠가 한 방 먹이겠어."
"저 손님은 비싼 것도 안 사면서 왜 저렇게 거들먹거려?"
"지하철에 왜 이렇게 사람이 많아?"

이와 같은 짜증이나 불만은 고령자보다 대체로 젊은 세대에서 더 많이 나타난다. 반면 나이가 들수록 사소한 일에 크게 동요하지 않게 되어, 일일이 불만을 품거나 화를 내는 일도 점차 줄어든다.

'나는 왜 이렇게 부정적일까?'라고 고민하는 중년층이라도 걱정할 필요는 없다. 부정적인 감정은 나이가 들수록 점차 억제되고 안정감을 찾아갈 테니 말이다. 대부분의 사람은 나이가 들면서 부정적인 성향에서 긍정적인 성향으로 변화하는 바람직한 심리적 변화를 경험한다. 누구나 나이에 따라 자연스럽게 이러한 변화를 겪게 된다는 사실을 인지한다면 '나이를 먹는 것이 꼭 나쁜 것만도 아니다'라고 긍정적으로 생각할 수 있지 않을까?

나이 든 사람의
유연한 생각

'나이가 들수록 비관적이다'라는 인식도 있다. 하지만 이는 잘못된 것이다. 실제로 나이가 들면 밝고 낙천적인 성향을 보이는 경우가 많다. 오히려 젊은 세대가 부정적인 사고를 할 가능성이 더 크다. 많은 사람이 '반대가 아닌가?'라며 의아해할 수도 있지만 다음의 연구 결과는 그렇지 않다고 말한다.

미국 드폴대학교의 조셉 A. 마이클 교수는 평균 연령 77.33세의 고령자 32명과 평균 연령 20.91세의 젊은 성인 32명을 대상으로 한 가지 실험을 했다.

연구 참가자들에게 '친구 결혼식에서 축사하는데, 하객들

[그림 1] 고령자와 젊은 성인의 부정적인 반응 경향

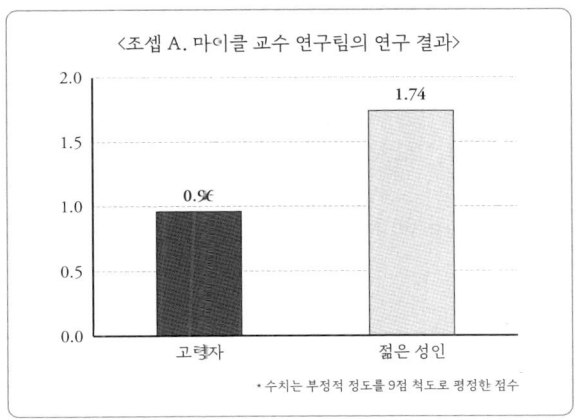

이 킥킥거리며 웃었다'와 같은 상황을 제시하였고, 이어질 내용을 자유롭게 작성하도록 요청했다. 그리고 몇 명의 판정자가 작성된 내용에서 긍정 감정 단어와 부정 감정 단어가 각각 얼마나 사용되었는지 9점 척도로 평가했다. 그중 부정 감정 단어의 사용 결과는 위의 그림과 같다.

'축사가 너무 형편없어서 몹시 창피했다.'
'너무 부끄러워서 쥐구멍이라도 있으면 숨고 싶었다.'
'다시는 축사하지 않겠다고 마음먹었다.'

이와 같은 부정적인 이야기는 고령자 그룹보다 젊은 성인 그룹에서 더 많이 나타났다. 이는 고령자가 비관적일 것이라는 일반적인 인식과 달리, 부정적인 상황을 더 긍정적이고 유연하게 받아들이는 경향이 있음을 보여준다. 그러므로 나이 드는 것에 대해 너무 걱정하거나 비관적으로 생각하여 불안해하지 않아도 된다.

감정 조절의
능력자

젊은 사람은 충동적으로 행동하는 경우가 많다. 마음에 들지 않는 일이 생기면 감정적으로 반응하거나, 원하는 물건이 있으면 망설임 없이 구매하기도 한다. 경제적으로 여유가 없으면서 신용카드로 충동구매를 하고 나중에 후회하는 일도 많다. 이는 자기 감정을 효과적으로 조절하지 못하는 데서 비롯한다. 이런 점에서 노인과는 차이가 있다. 나이가 들수록 감정을 조절하는 능력이 점점 향상된다.

젊은 사람들은 맛있는 케이크를 보면 먹고 싶다는 강한 유혹을 느낀다. 특히 다이어트 중이라면 그 욕구는 더욱 커질 수

밖에 없다. 건강한 체형을 위해서는 열량이 높은 디저트는 참아야 한다는 것을 잘 알지만 그 유혹을 이기지 못한다. 반면 노인들은 음식에 대한 욕구를 더 능숙하게 조절한다. 기본적으로 식사량이 줄어들어 식욕이 크지 않을 뿐 아니라 '너무 먹고 싶어서 못 참겠다'와 같은 상황도 잘 일어나지 않는다.

미국 스탠퍼드대학교의 제임스 J. 그로스 교수가 진행한 연구도 이를 뒷받침한다. 그로스 교수는 다양한 연령대의 실험 참가자 127명에게 '당신은 얼마나 자기 감정을 잘 조절할 수 있습니까?'라고 질문했다. 그 결과, 19~56세 그룹보다 58~96세 그룹의 실험 참가자가 '나는 감정을 잘 조절할 수 있다'라고 더 많이 응답했다. 이처럼 나이가 들수록 자기 감정에 쉽게 휘둘리지 않는다. 즉, 스스로 감정을 잘 조절하게 된다.

젊은 사람들은 감정의 노예가 되기 쉬워서 '정말 하고 싶지 않은데 도저히 참을 수 없어'라고 느끼는 일이 많다. 그러나 나이가 들면서 그런 상황은 점점 줄어든다. 불교의 가르침에서는 마음의 평온을 유지하기 위해 욕구와 번뇌를 줄이는 것을 이상적인 상태로 본다. 그런데 나이가 들면 특별히 노력하지 않아도 욕구를 덜 느끼게 된다. 곰곰이 생각해보니 이것은 정말 멋진 일이 아닌가!

자기 암시의
위대한 힘

　인간은 아무리 나이가 들어도 절대 시들지 않는다. 만약 시들어 버린다면 그것은 스스로 그렇게 믿었기 때문일 것이다. '나는 아무리 나이를 먹어도 건강하다'라고 굳게 믿는다면, 몇 살이 되어도 건강하고 활기찬 삶을 유지할 수 있다.

　산악인 미우라 유이치로는 80세의 나이에 세 번째로 에베레스트산 등정에 성공했다. 물론 미우라처럼 활력이 넘치는 고령자도 흔하지는 않지만 중요한 건 '나는 에베레스트 산을 등정할 만큼 충분히 젊다'와 같은 마음가짐을 품는 것이다. 자신이 몇 살이 되든 '평생 현역'이라는 마음가짐을 가지면 나이를 먹어도 활력을 잃지 않을 것이다.

'고령자가 되면 에너지도, 활력도 줄어든다'고 생각하기보다는 '나이가 들수록 더 활기찬 에너지를 얻을 수 있다'처럼 생각해보자. 근거가 없더라도 '나이가 들수록 활력이 넘친다'라고 생각해보자. 그러면 이 믿음이 신체 기능의 향상으로 이어져 실제로 활력을 되찾게 될 수도 있다.

미국 하버드대학교 의과대학의 제프리 M. 하우스도르프 박사는 63세에서 82세 사이의 실험 참가자 47명을 대상으로 실험을 진행했다. 먼저 참가자들에게 '나이가 들수록 활력이 넘친다' 혹은 '사람의 에너지는 나이를 먹어도 고갈되지 않는다'라는 자기 암시를 반복하게 하고, 자기 암시를 하기 전과 후의 보행 속도의 변화를 측정했다. 결과는 놀라웠다. 나이 듦에 대해 긍정적인 암시를 한 후 참가자들의 보행 속도가 빨라진 것이다.

'나이가 들어도 활력이 넘친다'라고 생각하면 실제로 신체 기능도 향상되어 힘차게 걸을 수 있었다. 이는 단순한 생각의 변화만으로도 신체 기능이 향상될 수 있음을 보여준다. 사실 나이가 들수록 보행 속도가 느려지는 것은 자연스러운 현상

이다. 그러나 이러한 변화에는 생각이 영향을 주고 있을 수 있다. '나는 나이 들었으니까…'라는 생각이 천천히 걷게 만드는 것은 아닐까? 만약 그런 편견에 사로잡혀 있지 않다면 나이가 들어도 활기차게 걸을 수 있다.

활력이 넘치는 고령자는 많다. 아마도 그들은 '나이가 들어도 활력이 있다'라고 믿고 있는 게 아닐까? 그 믿음 덕에 활기차게 살아갈 수 있는 것이다. 반대로 '나이가 들면 기가 약해진다'와 같은 부정적인 생각은 스스로를 약하게 만든다.

이는 젊은 사람도 마찬가지다. 아직 30대인데도 불구하고 '난 늙었어'라는 생각을 자주 하면 잠깐 걷는 것만으로도 피로를 느낄 수 있다. 젊은 사람이라도 부정적인 자기 암시에 사로잡히면 몸과 마음이 점점 늙어버린다. 나이와 상관없이 긍정적인 생각을 많이 할수록 더 활기찬 삶을 만들어갈 수 있는 것이다.

치매 유전자,
두렵지 않다

치매 위험도를 높이는 유전자로 알려져 있는 아포지단백 E (Apolipoprotein E, APOE) 유전자가 있다.

만약 유전자 검사 결과에서 '당신에게서 아포지단백 E 유전자가 발견되었습니다'라는 말을 들으면 불안할 수도 있다. 하지만 너무 걱정할 필요는 없다. 그 이유는 간단하다. 특정 유전자를 가지고 있다고 해서 반드시 그 질병이 발병하는 것은 아니기 때문이다.

예를 들어, 비만이 되기 쉬운 유전자를 가지고 있다고 해서 모두 비만이 되는 것은 아니다. 암 발병 확률이 높은 유전자를 가지고 있다고 해도 암에 걸리지 않는 사람은 많다. 치매 역시 마찬가지이다.

미국 예일대학교의 베카 R. 레비 교수는 아포지단백 E 유전자를 보유한 60세 이상의 건강한 성인 4,765명을 대상으로 연구를 진행했다. 그리고 연구 참가자들을 나이 듦에 대해 긍정적 신념을 가지고 있는 사람과 부정적 신념을 가진 사람으로 나누어 비교했다. 그 결과, '노인은 활기 넘친다'라는 긍정적 신념을 가진 사람은 아포지단백 E 유전자를 보유했을지라도 치매 발병률을 49.8%나 줄일 수 있었다.

'나이 들면 치매에 걸리기 쉽다'는 생각은 단순히 고정관념에 불과하며, 오히려 이러한 부정적인 믿음이 실제 치매 위험을 높일 수 있다. 이제는 나이 드는 것에 대한 부정적인 고정관념에서 벗어나야 한다.

특정 질병의 위험을 높이는 유전자를 보유하고 있다고 해서 반드시 발병하는 것은 아니다. 나이 듦의 과정을 긍정적인 시선으로 바라보면, 특정 유전자를 가지고 있더라도 건강을 유지할 수 있다.

고정관념은 강력한 자기 암시 효과를 가져온다. 잘못된 생각이나 부정적인 암시는 실제로 병을 유발하거나 건강을 해칠 수 있으니, 긍정적인 자기 암시를 통해 건강과 행복을 스스로 만들어가자.

엘비스 프레슬리와
죽음의 '4'

'배스커빌 효과(Baskerville effect, 심리적 스트레스 때문에 심혈관 계가 변하는 현상을 나타냄-옮긴이)'라는 심리학 용어가 있다. 이 용어는 셜록 홈스 시리즈 『배스커빌 가문의 개』에서 유래한 심리학적 개념으로, '나는 죽는다'라고 강하게 믿으면 실제로 죽음에 이를 수 있는 현상을 말한다.

예를 들어, 누군가에게 저주를 받았다고 믿는 사람은 실제로 죽음을 맞이할 가능성이 있다. 부두교(voodoo, 아이티에서 행해지는 애니미즘적 민간 신앙-옮긴이)에서 행해지는 저주 인형 의식이 대표적인 사례이다. 이 종교에서는 특정 인형을 통해 상

대방을 저주하여 죽일 수 있다고 믿는데, 저주받은 사람이 정말 죽을 수 있다고 하니 조금 오싹해진다.

저주 자체는 매우 비과학적이지만 저주받은 사람이 그 사실을 인지한 후에 강한 자기 암시 때문에 사망에 이르는 일은 실제로 있을지도 모른다. 그만큼 자기 암시의 효과는 매우 크다.

잘못된 자기 암시가 생명까지 위협할 수 있다는 것을 실증한 연구가 있다. 미국 캘리포니아대학교 샌디에이고 캠퍼스의 데이비드 P. 필립스 교수는 일본인과 중국인이 숫자 '4'를 불길하게 여기는 것을 흥미롭게 생각했다. 그래서 이를 증명해보고자 하나의 가설을 세웠다. 만약 일본인과 중국인에게

그러한 고정관념이 있다면, 숫자 '4'가 들어간 날짜, 즉 4일, 14일, 24일에 사망하는 일이 많을 것이라는 것이었다.

가설을 검증하기 위해 필립스 교수는 1973년 1월 1일부터 1998년 12월 31일까지 일본인과 중국인의 사망 통계 자료(약 20만 명)와 서양인의 자료(약 4,700만 명)를 비교 분석했다. 그 결과, 필립스 교수의 가설처럼 매달 숫자 '4'가 들어간 날짜에 심장 질환으로 사망하는 일본인과 중국인이 많다는 것을 발견했다. 특히 심부전으로 인한 사망은 다른 날과 비교해서 13%나 증가했다.

반면 숫자 '4'를 불길하게 여기지 않는 서양인의 경우에는 이러한 경향이 나타나지 않았다. 이처럼 자기 암시가 정말로 사람의 심장을 멈출 수 있다.

자기 암시가 우리 삶에 얼마나 강력한 영향을 미치는지 보여주는 또 하나의 사례가 있다. 로큰롤의 황제 엘비스 프레슬리의 이야기다. 프레슬리는 자신의 어머니가 42세의 젊은 나이에 세상을 떠난 일을 줄곧 마음에 담아두고 '나도 일찍 죽을 거야'라며 끊임없이 두려움에 사로잡혀 있었다고 한다.

그렇게 자기 암시를 계속 걸었기 때문일까? 엘비스는 42세에 심장 발작으로 갑작스럽게 세상을 떠났다. 죽은 나이대도, 사인도 그의 어머니와 닮아 있었다. 죽음에 대한 두려움과 잘못된 자기 암시가 마치 저주처럼 그를 사로잡았던 것이다. 이제 잘못된 자기 암시는 버리자. 그것은 결국 스스로 자기 목숨을 단축할 뿐이다.

건강에 좋다고 믿으면 생기는 놀라운 변화

매일 어떤 일을 하든지 '이 일은 내 건강에 도움이 된다!'는 긍정적인 마음가짐으로 일하면 좋다. 정원의 잡초를 뽑거나, 방을 청소하거나, 개를 산책시키는 등의 일상적인 활동도 스스로 건강에 좋은 일이라고 인식하고 행한다면 실제로도 건강에 긍정적인 영향을 줄 수 있다.

미국 하버드대학교의 알리아 J. 크럼 교수는 호텔 객실 청소를 담당하는 직원들을 대상으로 한 실험을 통해 이를 증명했다. 실험 참가자 84명 중 44명에게는 '여러분이 담당하는 청소 업무는 매우 좋은 운동이며, 의사가 권장하는 활동적인

[그림 2] '청소 업무는 건강에 좋다'라는 이야기를 들은 경우

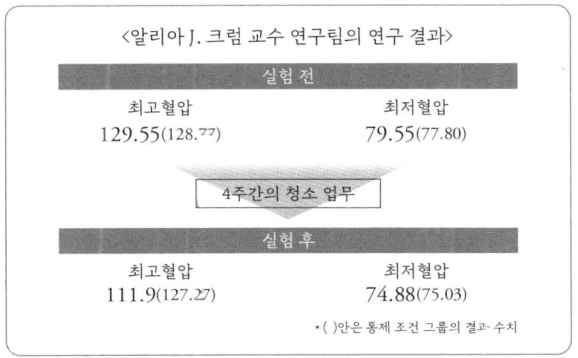

라이프 스타일(active lifestyle)에 충족합니다'라고 말했다. 반면 나머지 40명에게는 아무런 설명도 하지 않았다.

4주 후 모든 참가자의 혈압을 측정하자 '청소가 건강에 좋다'라는 메시지를 들은 그룹의 혈압이 눈에 띄게 낮아졌다. 이 그룹의 최고 혈압은 실험 전 129.55mmHg에서 4주 후 111.9mmHg로, 최저혈압은 79.55mmHg에서 74.88mmHg로 낮아졌다. 반면에 아무런 설명을 듣지 못한 통제 그룹은 최고 혈압이 실험 전 128.77mmHg에서 4주 후 127.27mmHg로, 최저혈압은 77.80mmHg에서 75.03mmHg로 거의 변화가 없는 편이었다.

또한 '청소가 건강에 좋다'라는 이야기를 들은 실험 참가자는 체중이 감소하고 허리둘레도 줄어들었다. 같은 업무를 하더라도 '내가 하는 일이 건강에 도움이 된다'라고 생각하며 일을 하니, 실제로 건강에 긍정적인 변화가 일어났다.

이처럼 생각의 힘은 매우 놀라운 효과를 발휘할 수 있다. 앞으로 요리나 빨래 등 일상생활에서 무언가를 할 때 '이 일이 내 건강에 좋을 거야'라는 긍정적인 마음가짐으로 해보면 어떨까? 스스로 '이 활동은 내 건강에 좋아'라고 생각하며 한다면 기대 이상의 효과를 경험할 것이다.

이와 관련된 흥미로운 현상으로 '플라세보 효과(placebo effect)'가 있다. 약효가 없는 설탕이나 전분을 뭉쳐서 단단하게 만든 가짜 약이라도 '효과가 있다'라고 믿고 복용하면 실제로 효과가 나타나는 경우를 말한다. 일상생활에서도 이와 유사한 플라세보 효과를 활용할 수 있다.

예를 들어, 단순히 1층에서 2층으로 올라갈 때도 '계단을 이용하고 있으니, 심폐기능이 좋아질 거야!'라는 마음가짐으로 생활한다면 실제로 심폐기능이 향상되는 결과를 얻을 수 있다.

실제 나이보다 중요한 건 건강 수명

군이 올해 내가 몇 살인지 의식할 필요는 없다. 생일이 다가올 때마다 '아, 벌써 이 나이가 되었구나'하며 한숨 쉬는 일을 그만두자. 실제 나이는 신경 쓰지 않아도 괜찮다. 그것보다 더 중요한 것은 주관적인 나이다.

예를 들어, 70세가 되어도 '나는 50세 정도이다'라고 생각하면 긍정적인 자기 암시 효과가 나타난다. 이러한 마음가짐은 피부를 더 젊게 유지할 뿐만 아니라 실제로도 50대 수준의 심폐기능을 유지하는 데 도움이 될 수 있다.

독일 막스 플랑크 연구소의 다나 코터 그룬 박사는 70~100

세의 고령자 439명을 대상으로 '당신은 자신이 몇 살이라고 생각하십니까?'라는 질문을 통해 주관적 나이를 조사했다. 응답은 0~120세 사이에서 선택하도록 했는데 이후 16년간 추적 조사를 해보니 실제 나이보다 훨씬 젊다고 답한 사람일수록 낮은 사망률을 보였다. 스스로 '젊다'라고 생각한 사람일수록 오래 살 수 있는 것이다.

자신의 주관적 정신연령은 최대한 젊게 생각하는 것이 더 좋다. 다른 사람에게 폐를 끼치는 일이 아닌 만큼 단순히 두세 살 젊게 느끼는 것에 그치지 말고 다섯 살, 열 살 혹은 그 이상 더 젊다고 스스로 믿어보자.

예를 들어, '나는 곧 환갑이지만 주관적 정신연령은 스무 살!'이라고 말하듯이, 40세나 젊게 느껴지도록 생각하는 것도 좋은 방법이다. 우리 몸은 마음가짐에 따라 달라진다. 스스로 젊다고 생각하면 늘 젊음을 유지한 채 있을 수 있다. 이렇게 말하는 나도 곧 50세가 되지만 주관적 나이는 35세 정도라고 믿는다. 그래서일까? 몸과 마음이 건강하고 활력이 넘쳐 열정적으로 일할 수 있다.

누군가 나이를 물었을 때 실제 나이보다 적게 대답하면 '거짓말쟁이' 소리를 들을 수도 있다. 하지만 마음속으로 스스로가 젊다고 생각하는 것은 전혀 문제가 되지 않는다. 따라서 스스로 최대한 젊은 나이라고 믿고 긍정적인 생각을 가져보자.

여기서 중요한 점이 한 가지 있다. '더 젊어지고 싶다'라는 희망 사항으로만 생각하지 말자. 왜냐하면 '젊어지고 싶다'라는 바람은 뇌가 '나는 지금 젊지 않아, 늙었어'라고 인식하게 만들기 때문이다. 그 대신, '나는 젊다'라는 믿음을 가지는 것이 중요하다. 실제 자신의 나이를 의식할 필요는 없다. 실제 나이보다도 주관적인 정신연령이 훨씬 더 중요하므로, '나는 젊다'라는 생각을 진심으로 믿는 게 중요하다.

스스로 젊다고 생각하는 사람이 더 오래 산다

'일본 자본주의의 아버지'라고 불리는 사업가 시부사와 에이이치는 '40세, 50세는 아직 코흘리개 어린애에 불과하다'라는 말을 했다. 내가 좋아하는 말이기도 하다. 실제로 정·재계에서는 70세 이상의 인물이 여전히 현역으로 활동하는 경우가 많으므로, 그에 비하면 40세나 50세는 아직 젊은 나이에 불과하다.

몇 살이 되었든 '나는 아직 한창이야. 코흘리개 어린애나 다름없지'라고 생각하는 것이 마음을 젊게 유지하는 비결이다. 이런 긍정적인 태도를 가지면 실제로 오래 살 수 있다.

[그림 3] '실제 나이보다 젊다'라고 생각하는 사람이 더 오래 산다

<버피 우오티넨 박사 연구팀의 연구 결과>

13년 후 추적 조사에 따른 평균 사망자 수

	남성	여성
실제 나이보다 젊게 느끼는 그룹	59명	37명
실제 나이와 동일하게 느끼는 그룹	65명	54명
실제 나이보다 더 늙었다고 느끼는 그룹	99명	81명

핀란드 위배스퀼래대학교의 버피 우오티넨 박사는 65세에서 84세의 남성 395명과 여성 770명을 대상으로 13년간 추적 조사를 진행했다. 우오티넨 박사는 참가자들을 '실제 나이보다 젊게 느끼는 그룹', '실제 나이와 동일하게 느끼는 그룹', '실제 나이보다 더 늙었다고 느끼는 그룹'으로 나누어 조사했다. 그리고 각 그룹의 연간 사망률을 분석했다.

먼저 남성 실험 참가자의 연평균 사망자 수는 '실제 나이보다 더 늙었다'라고 느끼는 그룹에서는 99명, '실제 나이와 동일하다'라고 느끼는 그룹에서는 65명, '실제 나이보다 젊다'라고 느끼는 그룹에서는 59명이었다.

다음으로 여성의 연평균 사망자 수는 '실제 나이보다 더 늙었다'라고 느끼는 그룹에서는 81명, '실제 나이와 동일하다'라

고 느끼는 그룹에서는 54명, '실제 나이보다 젊다'라고 느끼는 그룹에서는 37명이었다.

　남성과 여성 모두 자신이 젊다고 생각한 그룹이 더 오래 살았다. 특히 젊다고 느끼는 그룹이 더 늙었다고 느끼는 그룹에 비해 연간 사망자 수가 절반 가까이 줄어드는 경향을 보였다. 이는 실제 나이보다 젊다고 생각하며 살아가는 것이 장수에 도움이 될 수 있다는 점을 보여준다.

　'실제 나이는 신경 쓸 필요가 없다. 또한 자기 나이가 몇 살이든 상관없다'라는 것을 꼭 기억하길 바란다. 무엇보다 중요한 것은 주관적인 정신연령이다. 몇 살이 되었든 스스로 '나는 아직 코흘리개 어린애'라고 생각하면 좋지 않을까? 이런 긍정적인 마음가짐은 우리 몸의 기능을 향상하고 결과적으로 더 오래 살 수 있도록 도와준다.

젊다고 믿으면
근력도 향상된다

　TV에서 종종 연예인이 게스트로 출연해 피부, 뇌, 장기의 노화 정도를 검증하는 프로그램이 방영되곤 한다. 이런 프로그램에서는 20대의 젊은 연예인이 "당신의 피부 나이는 거의 40세 정도입니다"라는 말을 듣고 깜짝 놀라는 장면이 자주 연출된다. 그 모습을 보면서 나는 안타까운 마음이 든다. 이런 부정적인 결과는 모르는 편이 더 좋지 않을까 싶다.
　만약 '신체 나이가 실제 나이보다 더 많다'라는 사실을 알게 되면 누구나 우울해지지 않을까? 차라리 거짓말이라도 좋으니 '나는 실제 나이보다 젊다'라고 믿어보자. 누구든 좋으니

실제 나이보다 젊다는 진단 결과만 알려주는 애플리케이션을 만들어주면 좋겠다.

젊다고 믿으면 근력도 향상된다. 프랑스 그르노블 알프 대학교의 야닉 스테판 교수는 이와 관련한 흥미로운 연구를 진행했다. 먼저 스테판 교수는 평균 연령이 74.43세인 성인 49명의 악력을 측정한 뒤 두 개의 그룹으로 나누었다.

그리고 한 그룹에는 '당신의 악력은 동년배보다 훨씬 강합니다. 아직은 젊으시네요'라며 거짓 결과를 알려주고, 다른 그룹에는 아무런 피드백을 주지 않았다.

이후 다시 한번 참가자들의 악력을 측정하니 다음과 같은 결과가 나왔다.

[그림 4] '아직은 젊다'라고 전달한 뒤 악력을 측정한 경우

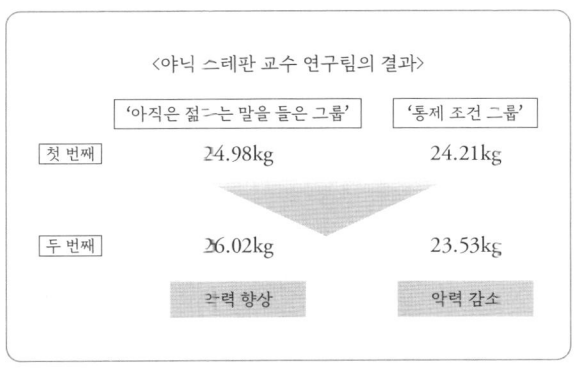

'나이에 비해 훨씬 젊다'라는 긍정적인 말을 들었을 때 두 번째 측정에서 악력이 향상되는 것이 관찰되었다. 일반적으로 두 번째 측정에서는 첫 번째 측정에서의 피로도 때문에 악력 수치가 감소하는 경우가 많다. 그런데 이 실험에서는 오히려 첫 번째 측정보다 더 높은 악력 수치를 보였다.

이처럼 스스로 젊다고 생각하면 근력 유지에도 긍정적인 영향을 준다. 반면 '나는 이제 늙은이니까'와 같은 부정적인 생각은 근력 저하의 원인이 될 수 있다. 즉, 스스로 젊다고 믿으면 몸도 그 믿음을 따라 어느 정도 젊음을 유지하게 되는 것이다.

올바르게
나이 든다는 것

지금까지 우리는 노인에 관해 가지고 있는 잘못된 고정관념에 대해서 알아보았다. '어휴, 정말 그렇네!'라고 느낄 만한 지식이 많았다. 올바른 지식을 습득하려는 노력이 있다면 나이 드는 것을 꼭 부정적으로만 보지 않게 될 것이다.

미국 스티븐스 공과대학교 애슐리 리틀 교수는 대학생 354명을 대상으로 한 가지 실험을 진행했다. 실험 참가자들을 두 그룹으로 나누고, 한 그룹에는 노화에 관한 문제를 풀게 했다. '고령자가 젊은 사람보다 우울증에 걸리는 비율이 더 높은가, 아닌가'와 같은 문제였다. 문제를 푼 뒤에는 정답과 함께 관련 지식도 알려줬다. 반면 다른 그룹에는 노화와는 전혀 상관없는 문제를 풀게 했다.

일주일 후 두 그룹의 학생들에게 노인에 대한 인상을 물어본 결과, 노화에 관한 올바른 지식을 배운 학생들은 나이 드는 것에 대해 훨씬 긍정적인 태도를 보였다. 노화와 관련 없는 문제를 푼 학생들은 여전히 노인이 되는 것에 대해 부정적으로 인식하고 있었다.

올바른 지식을 습득하면 나이 드는 것에 대한 두려움은 줄어든다. 나이 듦에 대해 긍정적으로 바라볼 수 있다. 흔히 '아는 것이 힘'이라는 말처럼 올바른 지식을 알면 노화에 대해 필요 이상으로 걱정하지 않아도 된다. 올바른 지식을 배우는 것은 나이 드는 것에 대한 인식을 바꾸는 데 매우 중요한 역할을 한다.

다른 질병도 마찬가지이다. 어떤 질병에 걸렸을 때 거짓 정보에 의존하기보다 올바른 지식을 찾는 것이 중요하다. 올바른 지식을 얻으면 '뭐야, 사망률이 그렇게 높지 않네?'라든가, '자연 치유가 될 수도 있구나!'처럼 새로운 사실을 알게 되어 불안과 두려움을 줄일 수 있다.

지진이나 해일 같은 자연재해 역시 비슷하다. 자연재해는 큰 피해를 가져오기 때문에 누구나 두려움을 느끼기 마련이다. 하지만 올바른 지식을 통해 '이런 방법으로 재해를 예방할 수 있다'라는 사실을 알게 되면 그것만으로도 마음이 놓인다.

특별히 공부를 좋아하지 않는 사람이라도 올바른 지식을 얻기 위해서는 책을 읽는 것이 좋다. 이 책을 끝까지 읽는다면 나이 드는 것에 대한 지식이 한층 늘어나게 될 것이다. 그러면 막연한 두려움 대신, 이를 긍정적으로 받아들이는 태도를 가지게 될 것이다. 부디 안심하고 끝까지 읽어보길 바란다.

2장

성공적인 나이 듦을 위한
요즘 60세의 심리 기술

스타일만 바꿨을 뿐인데,
기분도 바뀐다

'나는 젊다'라고 생각하며 살고 싶지만 그렇게 마음먹기가 쉽지 않을 때가 있다. 그럴 때는 '내면'을 변화시키려 애쓰기보다 우선 '겉모습', 즉 외적인 변화부터 시도해보자. 옷을 고를 때는 자신의 실제 나이보다 젊은 층이 선호할 스타일을 따라 해보면 어떨까? 또는 밝고 컬러풀한 아이템을 활용하는 것도 좋은 방법이다. 젊은 느낌의 스타일이나 화사한 색상의 아이템을 착용하면 '나는 아직 젊어', '마음이 설레', '외출이 즐거워'와 같은 긍정적인 감정이 자연스럽게 생길 수 있다.

대개 나이가 들수록 수수한 옷차림을 선호하다가 지나치게 '어르신' 느낌을 풍기기도 한다. 실제로도 나이 들어 보이고, 기분 역시 덩달아 무거워진다. 그러면 외출이나 사람을 만나는 일에 소극적으로 되어 집에만 머무르기 쉽고, 기분도 가라앉기 마련이다.

젊은 층이 선호하는 스타일을 시도하면 심리적으로도 젊은 감각을 유지하는 데 도움이 된다. 따라서 쇼핑을 할 때 점원에게 자신의 나이보다 열 살 정도 젊은 사람이 입을 만한 스타일을 추천받아 보는 것도 좋은 방법이다.

머리부터 발끝까지 완전히 젊은 스타일을 시도하는 것이 부담스럽다면, 넥타이, 셔츠, 가방과 같은 작은 아이템만이라도 밝은 색상으로 선택해보자. '내 나이에 다소 화려한가?'라는 생각이 들 정도라면 오히려 적당할 수 있다. 겉모습이 바뀌면 자연히 기분도 바뀌기 마련이다.

복장에 변화를 주는 것이 부담스럽다면 집 인테리어에 조금씩 변화를 주는 것도 효과적이다. 집은 우리가 가장 많이 머물면서 시간을 보내는 장소다. 그러한 공간을 가꾸는 것이 얼마나 삶에 큰 영향을 끼치는지 사람들은 자주 잊고 산다. 나에게 힐링을 주는 공간, 나를 새롭게 재충전하는 공간, 감정을 순환시켜 긍정적인 감정들을 만들어낼 수 있는 공간으로 꾸미는 것이 중요하다. 쉽게 주방에 작은 꽃을 장식하거나, 밝은 색의 커튼을 달아보거나, 화려한 색채의 미술 작품을 걸어보자. 이런 작은 변화들로 집 분위기가 한층 밝아지고, 기분도 훨씬 활기차게 변화할 것이다.

미국 하버드대학교의 엘렌 J. 랭어 교수는 70~80대의 노인들을 뉴잉글랜드의 외딴섬에 있는 한 호텔로 데려가 특별한 실험을 진행했다. 우선 호텔을 20년 전 스타일의 인테리어로 새롭게 꾸며, 참가자들이 마치 과거로 돌아간 듯한 분위기에서 지낼 수 있게 했다. 참가자들은 그곳에서 젊은 시절의 스타일로 옷을 입고, 당시의 생활방식을 따르며 일주일을 보냈다.

그 결과는 놀라웠다. 같은 세대의 통제 조건 그룹과 비교해보니 20년 전의 기분으로 생활한 참가자는 관절의 유연성이 높아졌고, 손발의 움직임이 원활해졌으며, 사고력도 향상되었다. 또한 걸음걸이는 더 힘차고 자세도 바르게 변했다.

더 나아가 참가자들의 사진을 찍어 제삼자에게 보여주었을 때 전보다 '훨씬 젊어 보인다'라는 평가를 받았다.

나이 들었다고 해서 꼭 나이에 맞는 스타일로 바꿀 필요는 없다. 젊은 시절의 스타일을 유지하면 심리적으로도 더 젊고 활기차게 살 수 있다. 노년의 모습을 하고 있으면 마음도 그에 따라 나이를 느끼기 쉽지만 젊은 시절의 스타일과 활력을 유지하면 스스로에게도 젊음을 불어넣을 수 있다.

딱 10년 젊어 보이는
스타일링의 효능

　대부분의 사람들은 나이가 들어도 건강하고 활기찬 모습을 유지하고 싶어 한다. 자신에게 어울리는 스타일을 찾으면 단순히 외적인 변화뿐만 아니라 활력이 생기며 긍정적인 영향을 준다. 스스로의 모습에 만족하는 것은 '나는 여전히 매력적이구나!'라고 생각하며 자존감을 높이는 데 도움이 된다. 반대로 너무 신경 쓰지 않으면 심리적으로 위축될 수 있다. 나중에는 도대체 머리를 어떻게 손질했는지, 옷은 어떻게 매치해서 입었는지 잊어버린다. 꾸미는 것 자체가 어색해지는 것이다. 그러니 나만의 스타일을 찾고 꾸미는 재미를 잃지 않는 것이 중요하다.

영국 유니레버(Unilever) R&D의 데이비드 A. 건 박사는 2001년에 70세 이상 성인 374명에게 현재 모습을 담은 사진을 요청했다. 그리고 그 사진을 간호사 10명에게 보여주며 그들의 나이를 추측하게 했다. 시간이 지나 2013년 말까지의 생존율을 조사한 결과, 실제 나이보다 더 나이 들어 보였던 사람일수록 일찍 사망했다는 사실을 발견했다.

연구에서도 볼 수 있듯이 '생기 있어 보이는 외모'는 매우 중요하다. 다른 사람에게 젊어 보인다면, 본인 스스로 '나는 아직 젊어'라는 마음가짐이 내재되어 있을 것이다. 반면 외모가 나이 들어 보이면 거울을 볼 때마다 우울해질 수 있다. 옷은 되도록 젊고 활기차게 보이는 스타일로 입는 것이 좋으며, 헤어스타일과 화장도 마찬가지다.

현대에서 외모를 가꾸는 일은 성별에 구애받지 않는다. 남성도, 여성도 모두 개성에 맞게 화장하고 꾸밀 수 있는 시대다. 중요한 것은 '나에게 맞는 스타일'이 무엇인지 아는 것이다. 최소 한 달에 한 번은 머리를 손질하거나 옷장을 점검하며 자신이 원하는 스타일을 찾아보는 것도 좋다.

가능하다면 다섯 살, 그보다 더 노력해서 열 살은 젊어 보이는 것을 목표로 하자. 외모가 젊어 보이면 심리적으로도 활력이 생기고, 신체의 면역 기능도 강화되어 수명 연장에 긍정적인 영향을 준다. 작은 변화를 시도하면서 자신을 더욱 활기차고 건강하게 가꿔보자.

자신의 삶에 대해 감사하는 마음

특정 종교를 믿을 필요는 없지만 '신이 존재하고 나를 지켜준다'라고 믿는 것은 삶에 긍정적인 영향을 줄 수 있다. 미국 미시간대학교의 닐 크라우스 교수는 평균 연령 74.4세의 성인 1,247명에게 종교에서 삶의 의미를 찾는 것과 그 만족도에 대해 질문했다. 그 결과, 종교에서 삶의 의미를 찾는 사람일수록 삶의 만족도와 자존감이 높으며, 낙관적인 태도를 보이는 경향이 나타났다.

때때로 '어딘가에 자신을 지켜주는 존재가 있다'라고 믿는 것이 큰 힘이 될 수 있다. 신앙심이 깊은 사람은 삶의 고민을 덜 안고 살아간다. 신이 항상 자신을 지켜준다고 믿기 때문에 불안감이 줄어들고 마음의 안정을 찾을 수 있는 것이다. 반면 '신이 존재할 리 없다'라고 생각하는 사람은 모든 문제를 스스로 해결해야 한다고 여긴다. 심적으로 기댈 곳 하나 없이 모든 것을 혼자 고민하고 혼자 결정해야 한다면 삶의 무게가 버겁지 않을까?

다른 사람에게 털어놓고 도움을 요청해도 되지만 언제까지고 그럴 수는 없다. 살다 보면 그렇게 할 수 없는 일들이 더 많이 생긴다.

어려운 상황을 스스로 잘 해결할 수 있다면 얼마나 좋겠는가? 하지만 모든 일이 항상 그렇게 흘러가지는 않는다. 스스로 해결하기 어려운 문제를 마주할 수 있으며, 혼자라면 절망에 빠지기 쉽다. 그럴 때 종교가 위안을 주고 낙관적인 태도로 바라볼 수 있도록 도와준다.

종교가 아니더라도 가장 좋은 건 늘 감사하는 마음이다. 특별히 무엇을 바라지 않아도 지금의 삶에 대해 그저 감사하는 것이다. '오늘도 건강하게 지낼 수 있어서 감사하다'라고 마음속으로 조용히 되뇌어 보자. 이러한 습관이 생기면 삶을 긍정적으로 바라볼 수 있게 된다.

특정 종교를 믿지 않더라도 가볍게 기도하는 작은 행동만으로 마음이 정돈되기도 한다. 몇 분밖에 걸리지 않는 그 짧은 시간이 복잡한 감정을 정리해주고 한결 편안한 마음으로 지낼 수 있게 해준다.

당신의 집은 안전한가?
60세를 위한 인테리어

집을 이사하거나 리모델링을 계획하고 있다면, 노년 생활을 생각하여 고르는 것이 좋다. 디자인적으로 돋보이는 집은 화려하고 감각적인 면이 장점이지만 노년에게는 생활의 편리함을 우선시하는 것이 바람직하다. 나이가 들수록 생활 공간에서 다치거나 하는 위험이 커지기 때문이다.

영국 퀸즈메디컬센터의 A. J. 블레이크 박사는 65세 이상의 실험 참가자 1,042명을 대상으로 '지난 1년 동안 한 번 이상 넘어진 적이 있습니까'라는 질문을 했다. 그 결과, 무려 35%에 해당하는 356명이 '그렇다'라고 답했다. 고령자가 되면 생각보다 넘어지는 빈도가 높다는 것을 알 수 있다.

젊은 세대는 '넘어지는 건 별일 아니야'라고 가볍게 생각할지도 모른다. 하지만 고령자에게 낙상은 치명적일 수 있다. 나이가 들수록 뼈가 약해지기 때문에 작은 충격에도 쉽게 팔이나 다리가 골절될 가능성이 높다. 또한 치료를 위해 한동안 움직이지 못하게 되면 근력이 빠르게 저하되고 장기의 기능도 약해져, 결국 자리에 누워 생활하게 되는 경우도 적지 않다.

넘어지는 것 자체는 그렇게 큰 문제가 아닐 수 있지만 여러 합병증의 원인이 되기 쉽다. 따라서 생활 공간에서의 낙상 위험을 최대한 줄이고, 가능하면 아예 없도록 장치하는 것이 이상적이다.

만약 '우리 집에는 넘어지기 쉬운 곳이 많다'라고 생각된다면, 인테리어 전문가와 상담해 손잡이를 설치하는 등의 리모델링을 고려해보자. 안전한 생활 환경을 만들어 불필요한 걱정을 덜 수 있도록 대비하자.

내가 좋아하는 취미,
뇌가 좋아하는 취미

평소에 뇌를 자주 자극하면, 노망이나 치매를 예방하는 데 도움이 될 수 있다. 만약 현재 특별히 즐기는 취미가 없다면, 뇌에 자극을 줄 수 있는 취미 하나쯤은 가져보자.

미국 러시대학교의 로버트 S. 윌슨 교수는 고령자 801명에게 평소 독서, 신문 읽기, 퍼즐 풀기, 카드 게임 등 인지 활동을 얼마나 하고 있는지에 대해 물었다. 그 후 4년 반 동안 이들을 추적 조사했을 때 801명 중 111명이 알츠하이머 치매 진단을 받았는데, 이들의 루틴에 뇌를 자극할 수 있는 인지 활동을 한 가지 더 추가하자, 알츠하이머 치매 위험이 33% 감소했다는 사실을 발견했다. 이는 뇌에 자극을 주는 활동이 치매 위험을 낮추는 데 도움이 된다는 사실을 보여준다.

따라서 취미를 가진다면 뇌에 자극을 주는 활동이 좋은데, 가장 쉽게 할 수 있는 것이 독서다. 책을 읽으면 지적 호기심이 자극되어 뇌의 노화를 막아준다고 한다. 하지만 너무 어려운 철학서나 전문서를 고르면 내용의 난이도가 너무 높아 금방 독서에 질려버릴 수 있으니, 가볍게 읽히는 책이나 자기가 좋아하는 분야의 책이 좋다.

물론 내가 쓴 책도 추천한다. 수수께끼나 퀴즈를 모아놓은 책도 뇌 자극에 효과적이다. 그림을 보고 틀린 부분을 찾는 책도 좋다. 숫자 퍼즐인 넘버플레이스나 스도쿠도 도움이 된다.

사람의 뇌는 사용하지 않으면 점차 쇠퇴한다. 뇌는 근육과 달리 쇠약해지는 것을 눈으로 확인하거나 스스로 체감하기 어렵기 때문에 대부분 사람이 평소에 인지 활동의 필요성을 인식하지 못한다. 그래서 실제로 인지에 대한 어려움을 느꼈을 때는 이미 치매가 상당히 진행되어 발견이 늦어지는 경우가 많다.

치매는 환자뿐만 아니라 가족에게도 큰 고통을 안겨준다. 그러한 상황을 예방하기 위해, 되도록 젊은 시절부터 뇌에 효과적인 자극을 주는 활동을 취미로 삼으면 좋다.

뇌를 깨우는
스마트폰 게임

　뇌를 단련시키는 '두뇌 트레이닝' 게임을 즐기는 것도 뇌 건강에 도움이 된다. 게임이지만 꽤 머리를 써야 하므로 치매 예방에 효과적이다.

　독일 막스 플랑크 연구소의 시몬 쿤 교수는 게임과 뇌의 단련에 관한 연구를 위해 한 가지 실험을 진행했다. 실험에 참가한 48명을 '게임 조건' 그룹(23명)과 '통제 조건' 그룹(25명)으로 나누어 '게임 조건' 그룹은 하루 30분씩 두 달 동안 '슈퍼마리오 64' 게임을 하도록 했고, '통제 조건' 그룹은 별도의 활동 지시를 받지 않았다.

두 달 후 두 그룹의 뇌를 조사한 결과, '게임 조건' 그룹에서만 우측 해마, 배외측 전전두엽 피질, 소뇌 등의 회백질이 증가한 것으로 나타났다. 이는 게임을 즐기는 것이 뇌에 긍정적인 영향을 줄 수 있다는 것을 의미한다.

예전에는 '게임을 하면 머리가 나빠진다'라는 말이 있었다. 게임 기기에서 나오는 전자기파가 뇌에 악영향을 준다는 말을 들어봤을 텐데, 이것은 과학적으로 입증된 사실이 아니라 단지 속설에 불과하다. 실제로 게임을 적절히 하면 뇌의 기능을 떨어뜨리기보다는 오히려 좋은 자극을 준다. 여러 연구 결과가 이를 뒷받침하고 있다.

어린 손주들이 있다면 손주와 게임을 해보는 것도 좋은 방법이다. 손주와 즐겁게 대화하며 게임을 하면 치매 예방에 더욱 효과적일 것이다. 복잡한 게임이라도 "할머니랑 할아버지에게 알려줄래?"라고 부탁하면, 마치 손주는 자기가 선생님이라도 된 듯이 뿌듯해하며 알려줄 것이다.

최근에는 스마트폰으로 즐길 수 있는 무료 게임 애플리케이션이 많아졌다. 스마트폰 게임이라도 적절히 즐기면 치매 예방에 도움이 될 수 있으니, 한 번 시도해보는 것이 어떤가?

 나 역시 기분 전환 삼아 스마트폰 게임을 자주 한다. 스마트폰 게임의 장점은 별도의 준비 없이 바로 시작할 수 있고, 잠깐 즐기다가 그만둘 수 있다는 점이다.
 단 몇 분이라도 게임을 하면 뇌가 활성화되어 일의 효율도 올라간다. 요즘 출시되는 게임들은 정말 잘 만들어져 있으니 게임을 해보지 않은 사람들도 금방 재미를 느낄 수 있을 것이다.

인지 기능 업!
십자말풀이

　나이가 들면 매일 하나씩이라도 십자말풀이 문제를 풀어보기를 추천한다. 십자말풀이는 머리를 많이 써야 하므로 뇌에 적절한 자극을 줄 수 있다.

　문자열에 맞는 답을 찾기 위해 끙끙거리겠지만 그만큼 두뇌 훈련에 도움이 된다. 답이 아무리 떠오르지 않아도, 나중에 해답을 보고 '아, 이거였구나!' 하고 놀라며 흥분을 느끼는 순간 또한 뇌를 자극하는 데 큰 도움이 된다.

　미국 캘리포니아대학교 샌디에이고 캠퍼스의 예이건 A. 필라이 교수는 평균 연령 79.5세의 어떠한 질병도 진단받지 않

은 건강한 고령자 101명을 대상으로 실험을 진행했다. 이 실험에서는 17명의 십자말풀이를 자주 하는 그룹과 84명의 십자말풀이를 하지 않는 그룹을 비교했다. 그 결과, 십자말풀이를 자주 하는 그룹이 상대적으로 언어 인지가 높고 기억력이 쇠퇴되는 시기 또한 2.54년 늦었다는 사실을 발견했다.

재미있게 즐길 수 있으면서도 인지 기능 저하 예방 효과도 있으며, 난이도가 설정되어 있어 자기 수준에 맞는 것을 선택하면 되는 게임이다. 너무 어려운 것을 고르면 한 줄도 답이 떠오르지 않아 초조해질 수 있다. 사람마다 차이가 있으니, 처음에는 바로 답할 수 있는 쉬운 단계부터 시작하는 편이 재미있게 느껴질 것이다.

너무 쉽다면 중급자용이나 상급자용에 도전해도 좋지만 개인적으로는 술술 답이 떠오르는 문제를 푸는 것을 선호한다. 성취감을 만끽할 수 있기 때문이다.

스마트폰의 무료 게임 애플리케이션에도 십자말풀이가 있다. 십자말풀이는 전 세계적으로 많은 사람이 즐기는 게임이므로, 다른 언어로 도전해도 색다른 재미를 느낄 수 있다.

십자말풀이를 할 때 주의할 점이 한 가지 있다. 막힌다고 해답을 바로 보지 않는 것이다. 조금이라도 머리를 써야 두뇌 훈련에 도움이 되므로, 적어도 5분 정도는 스스로 생각하며 풀어보도록 하자. 그래야 인지 기능 저하를 예방할 수 있다.

새로운 일을 좋아하는
인간의 뇌

인간의 뇌는 새로운 일을 좋아한다. 지금까지 살아오면서 한 번도 경험해보지 못한 일에 도전할 때 우리의 뇌는 신나서 활발히 활동한다. 이미 몇 번이나 경험한 일에는 그다지 활성화되지 않는다. 충분히 익숙해진 일이라면 일부러 활성화하지 않아도 잘할 수 있기 때문이다. 따라서 뇌를 활성화하고 싶다면 새로운 일을 하는 것에 흥미를 가져야 한다.

독일 베를린 자유대학교의 마가렛 M. 발테스 교수는 평균 연령 84.9세인 70~103세의 고령자 516명에게 일상생활에서 어떤 활동을 하는지 물었다. 이들은 요리, 청소, 마당 정리, 독서, 가족들과의 대화 등을 포함한 여러 가지 활동을 한다고 답했다. 발테스 교수는 이와 더불어 나이가 들면서 인지 기능이 얼마나 저하되는지도 함께 조사했다.

그 결과, 다양한 활동을 하는 사람일수록 인지 기능의 저하가 나타나지 않았다. 즉, 다양한 활동을 통한 뇌의 자극이 인지 기능의 저하 예방에 도움이 될 수 있다. 따라서 무슨 일이든 괜찮으니 다양한 일에 도전해보자.

가장 쉽게 시작할 수 있는 새로운 일은 의외로 집에 있다. 지금까지 배우자가 했던 집안일이 있다면, 이제는 직접 해보면 어떨까? 요리, 청소, 세탁 등 어떤 일이든 괜찮다. 그간 해본 적이 없는 일이라면 무엇이든 새로운 자극에 뇌는 활발히 활성화될 것이다.

집안일을 직접 해보면 겉으로는 단순해 보여도 생각보다 깊이가 있다는 것을 알게 된다. '이렇게 하면 더 잘할 수 있지 않을까?'라는 자신만의 아이디어나 비법이 떠오르기도 한다. 이것은 뇌가 활발하게 움직이고 있다는 신호이다. 새로운 아이디어를 시험해보는 것은 비록 실패하더라도 기분을 좋게 만들고 뇌에 긍정적인 영향을 준다.

"오늘부터 내가 세탁기도 돌려볼게"라고 말하면 배우자가 고마워하며 반길 것이다. 뇌를 활성화하기 위한 목적이지만 진실은 잠시 비밀로 해두자.

지역 공동체에서 열리는 다양한 이벤트에도 적극적으로 참여해보자. 찾아보면 재미있고 흥미로운 활동들이 많이 있다. 악기 배우기, 다도 모임, 수예 모임, 지역 행사 도우미, 쓰레기 줍기 봉사 등 다양한 활동이 있다.

해본 적 없는 스포츠에 도전해보는 것도 좋은 경험이 될 것이다. 나이 들었다고 주저하지 말고, 조금이라도 관심이 있다면 테니스, 스키, 배구, 사교댄스 등 무엇이든 시도해보자. 하다가 부상 위험이 있거나 다른 사람에게 불편을 줄까 걱정된다면, 부담 없이 다른 활동을 찾으면 되니 걱정하지 말고 도전해보자.

마음이 힘들 땐,
자연의 소리를 찾아서

"요즘 기운이 좀 없네."
"자꾸 부정적인 생각만 들어."

이와 같은 생각이 든다면 자연을 느낄 수 있는 장소에 잠시 가보면 어떨까? 기분이 한결 맑아질 것이다. 원래 인류는 긴 역사 대부분을 자연 속에서 살아왔다. 도시에서의 생활은 불과 100년 남짓에 지나지 않는다.

그래서일까? 우리는 자연과 가까이 있을 때 활력을 얻고 건강을 회복하는 느낌을 받는다. 아마도 우리 몸은 풀 냄새가 나고 새 소리가 들리는 자연 속에 있을 때 마음이 안정되는 메커니즘을 지니고 있을지도 모른다.

"바빠서 시간 내기가 어려워."
"물리적으로 이동이 어려워서 자연에 가고 싶어도 힘들어."

이처럼 여건상 자연을 찾기 힘든 사람도 있을 것이다. 만약 자연이 가득한 환경으로 가기 어렵다면 '소리'만 들어도 효과가 있다.

미국 앨라배마대학교의 루이스 D. 바지오 교수는 두 개의 요양 시설과 협력하여 시설 내에서 자연의 소리를 생활 배경음으로 틀어주는 실험을 진행했다. 녹음된 자연의 소리에는 강물 소리, 파도 소리, 새소리, 바람에 흔들리는 나무 소리 등이 있었다.

그러자 놀라운 변화가 있었다. 자연의 소리를 들려주기 전에는 고령자들이 큰 소리로 말하거나 소리를 지르는 비율이 57.61%였는데, 자연의 소리를 들려준 후에는 51.70%로 감소

하였다. 자연의 소리가 마음을 안정시키는 데 긍정적인 효과가 있다는 것을 보여주는 결과다.

요즘에는 자연의 소리만 모아놓은 애플리케이션이나 동영상도 많이 있으니 활용해보자. 눈을 감고 자연 풍경을 떠올리고 소리를 들으면, 마치 그곳에 있는 듯한 기분이 들어 실제 자연 속에 있을 때와 비슷한 안정감을 느낄 수 있다.

'자연 풍경'이라는 키워드로 검색해보면, 다양한 자연의 풍경을 감상할 수 있다. 회사 업무나 집안일에 지칠 때, 당장 자연으로 떠날 수 없을 때 잠깐이라도 이러한 영상을 보며 긴장을 풀면 도움이 된다.

도시는 고층 빌딩이 많아 흔히 '콘크리트 정글'이라는 이미지를 갖고 있지만 찾아보면 자연이 남아 있는 곳이 꽤 많다. 직접 도시 속 자연을 찾는 재미를 느껴보자. 그리고 그곳을 산책하며 여유를 얻어보자.

뇌를 훈련하는 색다른 방법, 외국어 배우기

뇌를 훈련하는 데 더없이 좋은 방법은 외국어를 배우는 것이다. 프랑스어, 스페인어, 중국어, 일본어 등 어떤 언어든 좋다. 평소 사용하는 모국어가 아닌 외국어를 학습하면 뇌에 적당한 자극을 주어, 인지 기능의 저하를 예방할 수 있다는 사실이 여러 연구를 통해 입증되었다.

캐나다 빅토리아대학교의 데이비드 풀처 교수는 55~86세 사이의 성인 250명을 6년간 조사했는데, 그중 외국어를 배운 사람들은 그 기간 동안 인지 기능의 저하가 거의 나타나지 않았다고 보고했다.

유사한 연구로, 영국 에든버러대학교의 토마스 H. 백 신경 과학자는 두 개의 언어를 구사하는 이중 언어자와 영어만 구사하는 사람들의 두 그룹을 비교했다. 그리고 분석을 통해 이중 언어를 사용하는 사람들이 인지 기능의 저하가 덜하다는 결과를 얻었다.

캐나다 요크대학교의 엘렌 비알리스톡 교수는 외국어 학습이 인지 기능의 저하를 예방할 뿐만 아니라 알츠하이머형 치매 예방에도 효과적이라는 사실을 밝혔다.

이러한 연구 결과들에 비추어, 취미로 외국어를 배워보는 것은 어떨까? 해외에서 일하고 싶거나 해외여행에서 활용하겠다는 실용적인 목적이 아니더라도, 순수한 관심과 만족을 위해 가볍게 시작해도 좋다.

대개 학교를 다니면서 영어를 배우지만 시험 대비 목적이 강해 학습의 즐거움을 느끼기 어렵다. 단어와 숙어를 암기하기에 급급해 흥미를 느낄 기회가 없었던 경우가 많았다.

하지만 성인이 된 후의 외국어 학습은 다르다. 자기 만족만으로도 충분히 동기 부여가 되기 때문에 이제는 즐기면서 외국어를 배울 수 있다.

외국어를 배우면서 듣고, 말하고, 쓰는 활동으로 뇌를 다방면으로 자극하고 단조롭게 흘러가기 쉬운 일상에 활력을 불어넣을 수 있다는 것도 큰 장점이다.

외국어뿐만이 아니라 새로운 것을 배울 때마다 자신의 성장을 체감하게 되는데, 이러한 긍정적인 기분은 노화 예방에도 효과적이다.

'외국어 학습이 뇌에 매우 긍정적인 효과를 준다'라는 연구는 많지만 '뇌에 부정적인 영향을 준다'라는 연구 결과는 본 적이 없다. 그러니 망설이지 말고 외국어 학습에 도전해보자.

수험을 위해 공부할 때와 달리 부담 없이 배울 수 있으므로 학습 과정이 더 즐겁게 느껴질 것이다. 꾸준히 공부해서 의사소통이 가능해지는 실력이 된다면, 실제로 다양한 국가의 외국인과 대화해보며 더 큰 재미와 보람을 느낄 수 있을 것이다.

어린 시절의 기억을 힌트 삼아
새로운 일에 도전하자

매일 똑같이 반복되는 일상은 때로는 지루하게 느껴질 수 있다. 정해진 일상을 보내다 보면 삶에 어떤 자극도 느끼지 못하게 된다. 그렇다면 이제 새로운 일을 시작해보면 어떨까? 자기 인생에서 한 번도 경험해보지 못한 일이라면 무엇이든 괜찮다. 하지만 새로운 일을 찾기가 쉽지 않다면, 어린 시절의 기억을 떠올려보는 것도 좋은 방법이 될 수 있다.

예를 들어, 어렸을 때 한문은 배웠지만 붓글씨는 배우지 않았다면 서예 교실을 다녀보면 어떨까? 피아노는 배웠어도 그림은 배우지 않았다면 미술 학원에 다녀보는 것도 흥미로운 도전이 될 수 있다. 또한 어린 시절에 놀이터에서 모래를 쌓아 집을 짓거나 진흙을 가지고 노는 것을 좋아했다면, 도예나 제빵 같은 활동에서 재미를 느낄 수도 있다.

감사하게도 요즘에는 온라인 교육이 잘 발달해 있어 손쉽게 새로운 배움을 시작할 수 있다.

인터넷에서 제공하는 다양한 강좌를 찾아보면, 그야말로 건강, 미용, 어학, 요리, 음악, 컴퓨터까지 무엇이든 배울 수 있다. 오히려 선택의 폭이 넓어서 무엇부터 시작해야 할지 고민스러울 정도로 다양한 주제의 강좌들이 준비되어 있다. 하나하나 살펴보면서 '내가 해보면 어떨까' 상상해보는 재미도 있다. 그리고 한번쯤 배워보고 싶다고 생각했던 것이나 흥미를 유발하는 것을 골라 실제로 강좌를 들어보자. 삶이 다채로워질 것이다.

미국 캘리포니아대학교 샌디에이고 캠퍼스의 제니퍼 라이히스타 박사가 평균 연령 80세인 고령자들에게 '잘 나이 드는 법'에 관해서 묻자, 응답자의 95%가 '새로운 일을 시작하는 것'이라고 답했다.

새로운 일을 시작하면 설렘과 기대감이 생긴다. 새로운 지

식이나 기술을 배우면 '자신이 성장하고 있다'라고 실감할 수 있다. 이처럼 나이가 들어도 '자신의 성장'을 느낄 수 있다는 것은 삶에 큰 기쁨과 활력을 더한다. 따라서 나이에 상관없이 무엇이든지 적극적으로 시작해보는 것이 중요하다.

예를 들어, 책장이 필요하다면 기성품을 사기보다는 DIY로 직접 만들어보는 것도 좋은 방법이다. 처음에는 톱질이나 못질이 서툴러서 반듯하지 않은 책장밖에 못 만들 수도 있다. 내 경우에는 그랬다. 하지만 비록 완벽하지 않더라도 내 손으로 만들어낸 결과물에서 느껴지는 뿌듯함과 만족감은 말로 다 표현할 수 없을 것이다.

새로운 일을 시작할 때 적절한 나이란 없다. 아무리 나이가 들어도 스스로가 '해보고 싶다'는 마음이 든다면 그것이 바로 시작할 적기이다. 설령 첫 시도에서 실패하더라도 하나의 경험으로 웃어넘기면 된다. 중요한 점은 그 과정에서 얻는 즐거움과 조금씩 늘어나는 지식과 기술을 즐기는 것이다.

(3장)

느리게 나이 들고 싶은
요즘 60세의 마음 습관

중요한 것은
나이에 꺾이지 않는 마음

사람은 누구나 나이가 든다. '나이 먹기 싫어!'라며 아무리 절망해도 피할 수 없는 일이다. 모든 사람이 겪는 자연스러운 과정이며 이를 막을 방법은 없다. 마치 하늘을 날고 싶어도 새처럼 날 수 없는 것과 같은 이치이다. 노화는 모든 사람이 자연스럽게 겪는 일이므로 그것을 거스를 수는 없다. 예컨대 주름이나 흰머리가 생기는 것처럼 눈에 보이는 변화는 자연스러운 현상이다.

최근에는 안티에이징이 유행인데, 너무 강하게 의식하면 심리적으로 오히려 해롭다.

"어이쿠, 또 주름이 늘었네!"
"이런, 기미가 생겼어."
"키가 점점 줄어드는 것 같아."

이와 같은 생각에 사로잡힐수록 우울감에 빠지기 쉽다. 이러한 변화는 나이 듦과 함께 자연스럽게 찾아오는 과정일 뿐 민감하게 반응하지 않는 것이 좋다.

네덜란드 라이덴대학교 마가렛 본 파버 박사는 85세 이상의 성인 599명을 대상으로 흥미로운 연구를 진행했다. 이 실험에서는 참가자에게 '성공적인 노화란 신체적, 심리적 변화를 받아들이고 이에 적응하는 과정'이라고 생각하도록 유도했다. 그 결과, 실험 참가자 599명 중 약 45%에 해당하는 269명이 '나는 충분히 잘 나이 들고 있다'라며 긍정적인 감정을 느끼게 되었다고 보고했다.

 안티에이징 자체를 부정하려는 것은 아니다. 그러나 노화를 병적으로 두려워하며 지나치게 집착하는 태도는 심리적으로 건강하지 않을 수 있다. 일상에서 노화로 인한 변화를 마주할 때 '뭐, 이건 자연스러운 일이야'라며 담담히 받아들이는 것이 좋다. 자연의 섭리는 우리가 아무리 한탄한다고 해서 달라질 수 없다. 오히려 이를 거부하려 할수록 우울감만 커질 뿐 어떤 실질적인 이익도 얻지 못한다.

 중요한 것은 마음을 젊게 유지하는 것이다. 설령 몸과 마음에 변화가 찾아올지라도 '난 아직 젊다'라는 긍정적인 생각을 유지하는 것이 큰 힘이 된다. 조급한 마음에 안티에이징에 몰

두하며 고가의 피부관리 제품 등을 사들일 필요는 없다.

　변화는 변화로 자연스레 받아들이고, 마음은 늘 젊은 채로 유지하는 것이 이상적인 나이 듦이 아닐까?

'할지 말지' 고민될 때는,
일단 하자

 우리는 삶의 많은 순간에서 후회를 느낀다. 후회에는 두 가지 종류가 있다. 하나는 '했을 때' 느끼는 후회이고, 다른 하나는 '하지 않았을 때' 느끼는 후회이다. 그리고 이 두 가지 중 사람들은 '하지 않았을 때'의 후회를 더 크게 느낀다.

 따라서 어떤 선택의 갈림길에서 '할지 말지'를 고민하게 될 때는 되도록 '한다'는 방향을 선택하는 편이 좋다. 그렇게 한다면 시간이 지나 나이가 들었을 때 후회가 덜할 것이다. 만일 지금 좋아하는 사람이 있다면 용기를 내어 고백해보자. 첫사랑에게 고백하지 못했던 사람들은 종종 '그때 고백할걸…'이라는 아쉬움을 가슴속에 품고 살아간다. 이런 점에서 용기를 내어 고백한다면, 비록 거절당하더라도 마음을 전한 것만으로도 후회는 훨씬 적을 것이다.

그렇다면 살면서 우리가 가장 후회하는 것은 무엇일까? 미국 클렘슨대학교의 로빈 M. 코왈스키 교수는 성인 189명을 대상으로 '만약 젊은 시절의 자신에게 조언을 해준다면 무엇을 말해주겠습니까?'라는 질문을 통해 그들이 무엇을 후회하는지 조사했다. 그 결과, 가장 많은 응답을 차지한 것은 바로 '인간관계'에 관한 후회였다.

언젠가부터 만나지 않게 된 옛 친구가 문득 떠올랐을 때 '오랜만에 보고 싶다'라는 생각이 든다면 주저하지 말고 연락해보자. '아마도 바쁠 거야' 또는 '괜히 연락했다가 상처받을지도 몰라' 등의 이유로 망설이지 말자. 막상 연락이 잘 되지 않더라도 단순히 서로의 일정이 맞지 않았던 것일 뿐이라고 생각하면 된다. 오히려 연락하지 않아 '그때 만날걸'이라는 후회가 남는 경우도 종종 있다.

한편 잘 맞지 않는 친구와의 관계를 억지로 유지하고 있다면, 차라리 그 인연을 정리하는 것이 나을 수도 있다. 서로의

생활환경도 변화하고, 시간이 흐르면서 가치관의 차이도 점점 뚜렷해지드로 잘 맞지 않게 되는 것은 어쩔 수 없는 일이다. 갑작스럽게 관계를 끊기가 어렵다면, 점차 거리를 두며 상황을 지켜보는 것이 현명한 방법이다. 현재 자신에게 잘 맞는 새로운 친구를 사귀는 것이 후회를 줄이는 데 도움이 된다.

결혼에 대해 고민하고 있다면 해보라고 권하고 싶다. 지금 결혼하지 않으면 나이가 들어 '그때 결혼할걸…'이라는 후회를 안고 살아갈 가능성이 크다. 만약 결혼 생활이 원만하지 않더라도 그때는 이혼이라는 선택을 통해 새로운 길을 모색할 수 있다.

물론 이혼 역시 마찬가지이다. 배우자가 알코올 의존이 심하거나, 거짓말을 일삼고 폭력을 행사하거나, 오랜 기간 대화가 단절된 상태라면 고민하지 말고 이혼을 결단하는 것이 더 나을 수 있다. 만약 여러 현실적인 이유로 즉각적인 실행이 어렵다면 '지금부터 준비하자', '서서히 거리를 두자' 등의 태도를 취하면 된다. 자신을 소중히 여기는 마음으로 새로운 인생을 준비하는 것이다.

결국 인간관계와 관련된 선택의 순간에는 반드시 '행동한다'를 택해야 한다. 주저하지 않는다면 후회 없는 삶과 더 나은 미래를 만들어갈 수 있다.

나이 드는 것의
특별한 장점

과연 나이가 드는 것이 그렇게 나쁜 일일까? 요즘에는 '나이 드는 것'을 마치 악당을 맞닥뜨린 것처럼 여기는 경향이 있는데, 이러한 고정관념에 사로잡혀서는 안 된다. 실제로 나이 듦에 관해 부정적으로 인식하고 있으면 오히려 수명이 단축될 수 있다는 놀라운 연구 결과도 있다.

미국 예일대학교의 베카 R. 레비 교수는 평균 연령 63세의 고령자 660명을 대상으로 '나이 듦'에 대한 인식을 조사했다. '나이가 들면 젊었을 때와 달리 욕망이 줄어들어 오히려 마음의 평안을 유지할 수 있다'라는 긍정적인 생각과 '나이가 들면

에너지가 없어진다'라는 부정적인 생각 중 어떤 태도를 가졌는지 비교했다.

그리고 23년 후 그들의 생존율을 분석하자, 나이 드는 것을 긍정적으로 받아들인 사람은 부정적으로 받아들인 사람보다 평균적으로 7.5년을 더 오래 살았다. 이 연구는 오래 살고 싶다면 나이 드는 것을 긍정적으로 받아들이는 태도가 얼마나 중요한지를 잘 보여준다.

나이 들면 좋은 점을 생각해보자. 자녀 양육이 끝났고, 정년을 맞이하면 더는 일하지 않아도 된다. 물론 원한다면 적당히 일을 계속하는 것도 괜찮다. 그리고 이제 하루의 대부분을 온전히 자신을 위해 보낼 수 있다. 정말 멋지지 않은가!

시간에 쫓기지 않고 친한 친구들과 마음껏 놀 수도 있고, 자유롭게 여행을 떠날 수도 있다. 무엇보다도 누구의 지시를 따를 필요 없이 온전히 내가 원하는 대로 살아갈 수 있다. 나이가 든다는 것은 누구에게나 일어나는 자연의 섭리이다. 이를 피하고 싶어도 피할 수 없기에, 있는 그대로 받아들이는 것이 중요하다. 그렇다면 나이 드는 것을 긍정적으로 바라보는 태도가 현명한 게 아닐까?

우리는 종종 부정적인 면에 주목하기 쉽다. 그렇다면 나이 드는 것의 장점을 조목조목 적어보자. 예를 들어, '나이가 들면 여유롭다'와 같이 긍정적인 측면을 구체적으로 작성하고 그 메모를 자주 읽어보자. 이러한 작은 습관만으로도 나이 드는 것에 대한 긍정적인 태도를 가질 수 있을 것이다.

귀찮은 게 아니다,
너그러워지는 것이다

나이가 들면 여러 가지 장점이 생긴다. 성격적인 면에서도 좋은 변화를 경험할 수 있다. 젊었을 때는 아주 사소한 일에도 예민하고 신경질적으로 반응했던 사람이라도 나이가 들수록 유해진다.

사실은 하나하나 신경 쓰는 일이 귀찮아져서 '그러면 좀 어때'라며 너그럽게 받아들이게 된다. 예민한 성격으로 인해 주위 사람들과 갈등을 빚고, 작은 일에도 과도하게 신경을 써서 스스로를 피곤하게 만들었던 사람에게는 반가운 변화가 아닐 수 없다. 그렇다면 어떤 변화를 겪는지 함께 살펴보자.

젊었을 때는 사소한 일에도 쉽게 화를 내는 경우가 많다.

'메시지를 보냈는데 발송이 조금 늦어지는 것에 화내기'
'가게에 들어갔는데 점원이 바로 자리 안내를 해주지 않는 것에 화내기'

이처럼 젊었을 때는 별일 아닌 일에도 과민하게 반응하기 쉽다. 하지만 보통 나이가 들면서 이러한 과민성도 점차 줄어든다.

미국 캘리포니아대학교 산타크루스 캠퍼스의 마라 매더 교수는 18~29세 사이의 젊은 성인과 70~90세 사이의 고령자를 대상으로 실험을 진행했다. 먼저 실험 참가자들에게 64장의 이미지를 차례대로 보여주면서 기능자기공명영상법(fMRI)으로 뇌의 활동을 측정하였다.

그 결과, 고령자 그룹은 동물의 사체나 손가락이 절단된 손과 같은 부정적인 이미지를 보더라도 감정을 담당하는 '편도체' 영역이 크게 활성화되지 않는 사실을 확인했다. 이는 나이가 들수록 부정적인 일이 일어나도 일일이 반응하지 않게 된다는 것을 보여준다.

"그래서 뭐?"
"그런 일도 있군."

이처럼 가볍게 받아들이는 태도를 취하는 것이다. 물론 개인차도 있지만 대부분의 사람은 나이가 들수록 사소한 일에 과도하게 반응하지 않게 된다.

나 자신을 돌아봐도 나이가 듦에 따라 변화가 있었다. 20대에는 성격이 매우 급한 편이었고, 사소한 일에도 논쟁을 일으키는 예민한 사람이었다. 그런데 40대 중반을 넘어서면서 일일이 화내는 것이 귀찮아졌고 나 스스로도 놀랄 만큼 매우 온화한 사람이 되었다.

젊었을 때는 편집자와의 만남에서 단 5분의 지각도 용납하지 못했다. 하지만 요즘은 지각하는 일이 생기면 "뭐 그럴 수도 있지, 괜찮아"라고 말하며 대수롭지 않게 넘어간다. 성격이 이렇게 180도 바뀌었다니, 나도 가끔은 신기하게 느껴진다.

젊은 사람 중에는 자신의 신경질적인 성격이나 성급함 때문에 걱정하는 이들이 있을 수도 있다. 하지만 나이가 들수록 이러한 예민함은 점차 약해지고, 감정에 여유로움이 생기므로 안심해도 좋다.

경험치를 통해
쉽사리 흔들리지 않는 나이

 노인이 되면 몸의 움직임이 느려질 뿐만 아니라 감정도 둔감해진다. 지금까지의 삶에서 다양한 경험을 쌓아왔기에 웬만한 일에는 쉽게 동요하지 않는다. 긍정적으로 생각하면 이것도 나이 듦의 장점이라고 할 수 있을 것이다.
 미국 미네소타대학교의 잔느 L. 차이 교수는 20~34세 사이의 젊은 성인 48명과 70~85세 사이의 고령자 48명을 대상으로 실험을 했다. 실험에서는 아버지의 죽음으로 인해 깊은 슬픔에 잠긴 아들이 등장하는 영화를 시청하게 한 후 그 순간의 생리 반응을 측정했다.

 그 결과, 고령자 그룹은 호흡이 흐트러지거나 심박수가 올라가는 반응이 나타나지 않았다. 젊은 세대는 사소한 일에도 쉽게 마음이 흔들리지만 고령자는 어떤 상황에서도 평정심을 유지하려는 경향이 있다. 사람은 한 번이라도 경험해 본 일이라면, 유사한 상황에 닥쳤을 때 크게 동요하지 않는다.

 미국 서던캘리포니아대학교의 밥 G. 나이트 교수는 미국 역사상 최대 규모의 지진이었던 1994년 노스리지 대지진 이후 사람들의 스트레스 반응에 대해 조사했다. 연구 대상은 30~102세 사이의 성인 166명이었다. 그중 고령자 나이에 속하는 사람들은 인생에서 여러 차례 지진을 경험한 덕분에 일종의 면역이 생겼는지, 노스리지 대지진 당시에도 스트레스 반응을 거의 보이지 않았으며, 우울 경향도 낮게 나타났다. 이는 경험이 쌓이면서 허둥대거나 당황하지 않고 침착하게 대처할 수 있는 능력이 향상된 덕분일 것이다.

나이가 들수록 감각이나 감정이 둔해진다. 감동적인 영화를 볼 때 눈물을 덜 흘리게 되는 것은 단점 같아 보일 수 있지만 한편으로는 그만큼 마음의 동요가 적어져 장점이 되기도 한다. '인생지사 새옹지마'라는 말처럼, 단점처럼 보일지라도 관점에 따라 장점이 될 수 있다.

빠르게 걸을수록
치매와 멀어진다

자신이 '치매에 걸리기 쉬운 유형'인지 간단히 확인하는 방법이 있다. 그것은 바로 '걸음 속도'이다. 다른 사람과 함께 걸을 때 점점 뒤처지는 경향이 있다면, 노후에 치매에 걸릴 가능성이 상대적으로 높을 수 있다.

영국 런던대학교의 루스 A. 해킷 박사는 60세 이상의 성인 3,932명의 걸음 속도를 측정한 후 2002년부터 2003년, 2006년부터 2007년, 2014년부터 2015년 총 세 차례에 걸쳐 치매 발병률을 조사했다. 그 결과, 걸음 속도가 힘차고 빠른 사람일수록 치매에 걸릴 확률이 낮으며 기억력, 언어 유창성 등의 인지 기능 저하도 덜 겪는다는 점을 발견했다.

여러분은 어떤가? "나는 다리가 튼튼해서 걸음이 보통 사람보다 빠른 편이에요."라고 대답할 수 있다면 정말 다행이다. 치매에 걸릴 가능성이 낮은 유형이라고 볼 수 있다. 만약 걸음 속도가 느리다고 생각된다면 지금부터라도 조금 더 힘차고 빠르게 걸을 수 있도록 노력해보자. 가능한 한 씩씩하게 큰 보폭으로 성큼성큼 걸어보는 것이다.

혹시 앞서 걷는 사람이 있다면 '저 사람을 추월해볼까?'라는 생각으로 걸음 속도를 높이는 것도 효과적이다.

마라톤과 같은 육상 경기에서는 속도를 높이며 선수를 이끌어주는 사람을 '래빗'이라고 한다. 이 용어는 원래 도그 레이스에서 개가 모형 토끼를 쫓아 달리도록 유도한 데서 유래된 말인데, 걷기에 적용하면 동기 부여 효과를 얻을 수 있다.

100m 정도 앞서 걷는 사람을 발견하면 그 사람을 자신의 래빗으로 삼아 따라잡기 위해 빠르게 걸어보는 것이다. 눈앞에 목표가 있는지에 따라 걸음 속도도 크게 달라질 수 있다.

'우선은 저 사람이다!'라고 목표를 정하고 추월한 뒤에는 '좋았어! 다음은 저 사람이야!'라며 새로운 래빗을 설정해보

자. 이런 방식으로 걷다 보면 자연스레 단련이 된다.

터덜터덜 힘없는 걸음걸이를 하다 보면 기분까지도 가라앉기 쉽다. 따라서 '나는 아직 젊다!'라고 스스로 되뇌며 목적지를 향해 힘차게 걸어보자. 활력이 넘치게 걸으면 신기하게도 기분까지 좋아진다.

달리는 것은 아니지만 마치 러너스 하이(Runner's High, 달리기나 유산소 운동을 통해 느껴지는 행복감이나 쾌감 상태-옮긴이)와 비슷한 기분을 느낄 수 있다. 이를 '워킹 하이(Walking High)'라고 불러도 될지 모르겠지만 기분이 고양되는 효과는 분명히 경험할 수 있다.

머릿속에
'치타'를 떠올려보자

 빠르고 힘차게 걷는 데 도움이 되는 또 하나의 비법이 있다. 머릿속에 달리는 속도가 빠른 동물을 떠올리는 것이다. 발이 빠른 동물을 생각하면 자신도 모르게 행동이 더 민첩해지고, 걸음도 경쾌해진다.
 미국 뉴욕대학교의 피터 M. 골비처 교수는 실험의 일환으로 50명의 대학생들에게 내용의 일부를 조작한 '생물과 인간의 구조적 유사성'이라는 가짜 과학 기사를 읽게 했다. 실험 참가자들은 두 그룹으로 나뉘어 한 그룹은 치타, 퓨마, 말, 그레이하운드처럼 움직임이 빠른 동물을 다룬 기사를, 다른 그

[그림 5] 움직임이 빠른 동물과 느린 동물의 기사를 읽었을 경우의 비교 실험

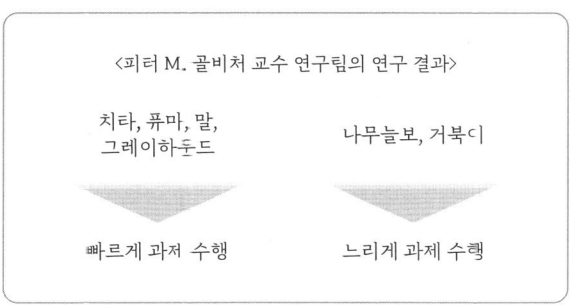

룹은 나무늘보, 거북이처럼 느린 동물을 다룬 기사를 읽었다.

기사를 읽은 후 학생들은 특정 과제를 수행했는데, 움직임이 빠른 동물 기사를 읽은 학생들은 과제를 더 빠르게 끝냈고, 움직임이 느린 동물 기사를 읽은 학생은 상대적으로 느리게 과제를 수행했다.

어떤 인식을 가지고 있느냐에 따라 신체 능력도 달라질 수 있는 것이다. 위의 연구 결과를 힘차고 빠르게 걷는 데 활용한다면, 걷기 전에 1분 정도 치타나 표범처럼 빠른 동물이 달리는 장면을 떠올리면 된다. 치타가 달리는 모습을 담은 영상을 보는 것도 좋은 방법이다. 그러면 심리적 효과로 걸음걸이가 더 가벼워지고 발걸음도 빨라질 것이다.

단거리 달리기나 마라톤 대회의 마지막 스퍼트를 상상하거나 영상을 봐도 비슷한 효과를 낼 수 있다.

나이가 들면서 동작이 느려지는 것은 자연스러운 일이지만 의식적으로 활기를 되찾고 몸을 민첩하게 움직일 수 있다. 매우 간단한 방법이니 기억해두자.

지금 당신의 '라벨'은 무엇인가

사람은 자신에게 붙은 '라벨'의 영향을 크게 받는다. '나는 바보다'라는 라벨을 스스로에게 붙이면 실제로 학습 능력이 떨어질 수 있다. '나는 매력이 없다'라는 라벨을 붙이면 실제로 매력적인 모습을 잃어버릴 수 있다. 이와 같은 심리 현상을 '라벨 효과'라고 한다. 따라서 자신에게 부정적인 라벨을 붙이지 않도록 주의해야 한다. 그렇지 않으면 그 라벨이 실제로 자신을 정의하게 될지도 모른다.

벨기에 루벤가톨릭대학교의 도나티엔 데스메트 교수는 50~59세 사이의 성인 352명을 대상으로 라벨에 관한 연구를 진행했다. 그 결과, 자신을 단순히 '사원'이 아니라 '시니어 사원'이라고 스스로 라벨을 붙인 사람일수록 심리적으로 노화가 가속되어 더 빨리 퇴사를 원하게 된다는 사실을 발견했다.

단순히 '회사원', '작업자'라고 해도 충분한데, 굳이 스스로 '시니어 회사원', '시니어 작업자'와 같이 '시니어'라는 수식어를 붙여 노쇠한 이미지를 덧씌울 필요는 없다.

이제는 자신에게 '부정적인 라벨'이 아니라 '긍정적인 라벨'을 붙여보자. 긍정적인 라벨을 통해 일상에 긍정적인 기운을 북돋아보자. 예를 들어, '나는 마음만큼은 아직 새내기야'라고 스스로 생각하는 사람은 늘 신선한 기분으로 업무에 몰두할 수 있다. '새내기', '신인', '젊은이'라는 긍정적인 라벨을 붙이는 것이 효과적이다.

나 또한 집필 활동을 25년 넘게 해왔지만 나 자신을 여전히 신인이라고 생각한다. 앞으로도 '중견 작가'와 같은 라벨은 스스로 붙이지 않을 것 같다. 도저히 쑥스러워서 그런 라벨을 붙일 수 없기 때문이다. 그 덕분에 아직도 신인 시절의 마음가짐을 유지하며 글을 쓰고 있다. 그래서 편집자로부터 집필 의뢰를 받을 때면 아직도 '와, 나 같은 신인에게 일을 맡기다니!'

라는 설렘과 기쁨을 느낀다.

여러분도 혹시 자신도 모르게 '늙은이', '고령자', '시니어'와 같은 부정적인 라벨을 붙이고 있지 않은지 점검해보자. 이런 라벨은 심리적으로 유해하며, 자신감과 의욕을 떨어뜨릴 수 있다. 대신 긍정적인 라벨로 바꿔보자. 나이에 걸맞은 표현을 원한다면 '베테랑'은 어떨까? 앞으로 '고령자'라는 단어보다는 긍정적인 뉘앙스를 담은 '베테랑'이나 '전문가', '달인'과 같은 라벨을 붙여보자.

환자가 적은 '한가한' 병원의 회복률이 더 높은 이유

 단골 의사를 고를 때는 환자가 많지 않아 한가한 병원이나 클리닉을 선택하는 것이 좋다. 의사를 고를 때 대부분의 사람은 실력이 좋거나 의학적인 지식이 풍부한지를 기준으로 삼겠지만, 꼭 인기 있는 병원만이 좋은 선택은 아니다. 환자가 적은 병원을 선택하면 예상치 못한 이점이 있다.

 왜 한가한 병원이 좋을까? 그 이유는 간단하다. 환자가 적으면 의사가 한 사람에게 더 많은 시간을 할애할 수 있기 때문이다. 인기 있는 병원에서는 기다리는 환자가 많아 진찰 시간이 자연스럽게 짧아질 수밖에 없다.

'3시간 대기 3분 진찰'이라는 말이 있다. 대기실에서 3시간이나 기다렸는데, 정작 진찰은 3분 만에 끝난다는 의미이다. 인기 있는 병원에서는 이런 일이 비일비재하게 일어난다. 어쩔 수 없는 일이기는 하지만 말이다. 반면 환자가 많지 않은 병원에서는 진찰 시간을 충분히 확보할 수 있다. 의사와 편안하게 상담하며 자신의 증상을 상세히 이야기할 기회를 가질 수 있다.

영국 임페리얼대학교(ICL)의 조지 K. 프리만 교수의 연구에 따르면, 의사의 진찰 시간이 길수록 환자의 회복률이 높아진다고 보고했다. 진찰 시간이 길어지면 환자는 의사가 자신을 신경 써주고 있다는 만족감을 느낄 수 있다. 그런 만족감이 심리적 안정과 치료 효과로 이어진다.

'큰 병원이 아니면 불안해.'

이렇게 생각하는 사람도 있겠지만 작은 병원이라고 해서 실력이 부족하지 않다. 정식 면허를 가진 의사가 진료하는 병원이므로 어떤 걱정도 할 필요가 없다. 만약 의사가 자신이 치료할 수 없다는 판단이 든다면, 즉시 상급 병원으로 내원하라는 소견서를 작성해줄 것이다.

의사에게 진찰받기 위해 몇 시간이나 기다리다 보면 초조해지고 스트레스가 쌓이기 쉽다. 이는 오히려 병세를 악화시킬 수 있다. 따라서 단골 의사를 고를 때는 너무 붐비는 곳보다는 '환자가 적은 병원'을 선택해보자.

환자가 많지 않은 병원에서는 의사가 환자의 이야기를 충분히 들어주며, 더 신중하고 꼼꼼하게 진료할 가능성이 크다. 이러한 요령은 내과뿐만 아니라 이비인후과나 치과를 선택할 때도 유효하다. 가능한 한 환자가 적은 곳을 고르는 것이 정답이다.

비교를 이길 수 있는
사람은 없다

'남의 떡이 더 커 보인다'라는 말처럼 사람은 본능적으로 자신을 남과 비교하곤 한다. 하지만 다른 사람, 특히 나보다 더 나은 환경에 있는 사람과 자신을 비교하는 것은 절대 피해야 한다. 그 이유는 비교하면 비교할수록 자신의 삶이 불행하게 느껴지기 때문이다.

"저 사람은 나보다 부자야."
"저 사람은 좋은 집에 사는데, 나는…"
"저 사람은 건강한데, 나는 무릎이 아파서 아무것도 못 하겠어."

이렇게 남과 자신을 비교하면 불행해지는 것이 당연하다. 나보다 더 나은 사람을 질투하고 미워하며 스스로를 괴롭게 만드는 삶은 누구도 원하지 않을 것이다. 그러므로 마치 나보다 축복받은 듯한 사람은 그 존재를 의식하지 않고 살아가는 편이 현명하다.

영국 서리대학교의 그레이엄 J. 보몬트 교수가 65세 이상의 성인 190명을 조사해본 결과, 자신보다 나은 사람과 비교하는 사람일수록 삶의 만족도가 낮았다.

'낮은 급여가 불만'이라는 생각이 들 때 '나는 매일 일할 수 있는 직장이 있어서 다행이야', '정기적인 수입이 있으니 정말 행복한 사람이야', '비를 피할 집이 있으니 정말 감사해'라고 긍정적으로 생각한다면 자신의 형편에 대한 만족감을 느낄 수 있을 것이다.

'비교하는 마음'은 누구나 가진 심리이다. 하지만 연간 수입이 1억 원인 사람이 연간 수입이 10억 원인 사람과 자신을 비교하면 '나는 저 사람의 10분의 1밖에 못 벌어'라고 생각하게 되고, 끝없는 불만의 굴레에 빠질 수 있다.

　다른 사람과 비교해서 얻는 '상대적 행복'보다 지금의 자신에게 초점을 맞춰 얻는 '절대적 행복'이 삶의 만족도를 더 높인다고 한다. 왜냐하면 기쁨이나 행복을 자신이 아닌 다른 사람이나 환경 등의 외부 요소에서 찾으면, 환경이 바뀔 때마다 자신의 행복이나 기쁨도 쉽게 흔들리기 때문이다. 행복은 외부가 아닌 자신 안에서 찾아야 한다. 어쩔 수 없이 다른 사람과 비교하고 싶다면, 그 생각은 '마음속'에만 간직해두자.

운전면허증 자진 반납,
조금은 고민해볼까?

뉴스를 보면 고령자 교통사고를 다룬 기사가 종종 보인다. 나이가 들수록 반사 신경이 둔해지고, 액셀과 브레이크를 혼동하는 일도 종종 일어난다. 이런 뉴스를 보면 많은 사람이 '고령자가 되면 사고를 예방하기 위해 운전면허를 빨리 반납하는 게 좋겠다'라고 생각할 수도 있다. 하지만 운전면허 반납은 조금 신중하게 결정할 필요가 있다.

호주국립대학교의 티모시 D. 윈저 박사는 70세 이상의 남녀 700명 중 현재 운전면허를 유지하고 있는 647명과 운전면허를 반납한 53명을 대상으로, 반납 후 2년 동안의 우울감 변화를 비교했다. 그 결과, 운전면허를 반납한 사람은 운전할 수 없어지면서 외출 빈도가 감소했고, 사람들과의 교류도 줄어들었다. 그리고 이는 결국 우울감 증가로 이어졌다는 사실이 밝혀졌다.

'언제든 내가 원하는 장소에 갈 수 있다'라는 자유는 '우리가 자신의 삶을 스스로 제어할 수 있다'라는 생각을 전제로 한다. 헌데 운전면허증 반납으로 그 자유를 잃으면, 이제 더는 스스로 삶을 제어하지 못한다는 무력감에 빠질 수 있다. 그러한 기분에 빠질 정도라면 운전면허증은 가능한 한 천천히 반납하는 편이 좋을 것 같다.

지역에 따라 전철이나 버스 등 대중교통이 잘 발달한 도시는 운전면허를 반납해도 큰 어려움이 없다. 그러나 외곽 지역에서는 대중교통이 불편하기 때문에 외출이 더욱 어려워질 수 있다.

가고 싶은 곳에 가지 못하는 것은 큰 스트레스다. 외출할 때마다 매번 목적지까지 데려다달라고 누군가에게 부탁해야 할지도 모른다. 그러한 일이 반복해서 일어나다 보면 자기 인생을 스스로 통제할 수 없다는 무력감에 빠질 위험이 있다.

따라서 안전하게 운전할 수 있는 동안에는 면허를 유지하는 것이 심리적으로나 삶의 질 측면에서 유리하다. 물론 자신의 운전 실력에 대한 과신은 금물이다. 노화로 인해 판단력이 저하되는 증상은 피할 수 없으므로 교통 법규를 철저히 지키고 안전 운전에 힘써야 한다.

4장

현명하고 지혜로운
요즘 60세의 인간관계

마음이 맞는 사람만 만난다

많이 알려지지 않았지만 노인은 젊은 세대브다 인생 만족도가 높은 경향이 있다. '정말 그럴까?'라고 의문을 가질 수도 있지만 실제로 노인은 일상생활에 대한 만족도가 높다고 한다. 그 이유는 나이가 들면 마음이 맞는 사람과만 관계를 맺기 때문이다.

젊은 시절에는 직장이나 거래처 등 업무 관계나 육아 환경에서 그다지 편하지 않은 사람들과 어울려야 할 때가 많다. 이러한 불편한 관계로 인해 불만이 쌓이고 그것이 인생 만족도를 낮추는 요인으로 작용하기도 한다.

반면 나이가 들면 자신이 싫어하는 사람과는 굳이 어울리지 않는다. 싫은 사람과 사귀지 않아도 어떠한 불이익이 없기 때문이다. 정년을 맞이하면 오히려 정말 친한 사람들하고만 어울려도 되기 때문에 인간관계로 인한 스트레스가 크게 줄어든다.

미국 스탠퍼드대학교의 헬렌 H. 펑 박사는 평균 연령 30.1세의 젊은 성인 206명과 평균 연령 62.0세의 고령자 196명의 두 그룹 중 마음이 맞는 사람들과 관계를 맺고 있는 그룹은 어느 쪽인지에 대해 비교했다. 그 결과, 고령자가 젊은 세대보다 마음 맞는 사람과 어울리는 경향이 더 높다는 사실이 밝혀졌다.

"진짜로 회식에 가기 싫은데, 어쩔 수가 없어."
"꼴도 보기 싫은데, 나중에 무슨 문제가 생기면 곤란하니 가야 해."
"아이끼리는 사이가 좋은데, 엄마끼리는 취미조차 안 맞아."

    이처럼 젊은 시절에는 인간관계에서 오는 스트레스가 불가피하다. 하지만 고령자는 그런 걱정을 할 필요가 없다. 만나고 싶지 않은 사람과는 쉽게 관계를 끊을 수 있는 것이 노인의 특권이다.

    나는 '인간관계'가 스트레스의 가장 큰 원인이라고 생각한다. 하지만 나이가 들면 이런 스트레스에서 벗어날 수 있다. 굳이 불편한 사람과 어울리지 않아도 아무런 문제가 없기 때문이다. 노년에는 이러한 장점을 누릴 수 있다.

    젊은 시절에는 인맥을 넓히기 위해서라도 적극적으로 많은 사람과 관계를 맺는 것이 필요하다. 하지만 어느 정도 나이가 들었다면 인간관계를 축소하는 것을 고려해보자. 불편한 사람과의 관계는 최대한 줄이고, 함께 있으면 편안하고 좋은 사람들과 교류하는 데 집중하자. 만약 불편한 사람이 만나자고 해도, "요즘 몸이 좀 안 좋아서요"와 같은 핑계로 자연스럽게 상황을 넘길 수 있다. 나이가 들면 이 정도의 핑계는 상대방도 이해해줄 것이다.

화가 나면
화를 내라

 나이가 들면서 감정적으로 행동하는 일이 적어진다. 그런데도 마음에 들지 않는 일이 생기곤 한다. 그럴 때는 혼자 속에 담아두지 말고 상대방에게 분명히 말하는 것이 서로를 위해 좋다. "나는 당신의 이런 점이 불편해요"처럼 자신의 감정을 분명하게 표현하지 않으면 상대방에게 우리 마음은 전해지지 않는다. 상대방은 초능력자가 아니기 때문에 우리가 어떤 감정 상태인지 알 수 없다.
 물론 부드럽게 전달하는 것이 중요하다. 예를 들어, "앞으로는 이렇게 해주면 좋겠어"라는 식으로 구체적이고 명확하

게 말하면 상대방도 더 쉽게 이해할 것이다.

가정 내에서도 마찬가지다. 마음에 들지 않는 점이 있다면 적절히 표현해보자.

"내가 몸이 안 좋을 때는 집안일을 도와주면 좋겠어."
"택배를 가지러 나가는 김에 쓰레기도 함께 버리고 오면 좋겠어."

이처럼 구체적이고 부드럽게 말하면 상대방도 동의하며 이해하고 따라줄 것이다. 화를 참고 있으면 나쁜 감정이 마음에 쌓여 지속되기 쉽다. 이는 심리적 불편함을 초래할 뿐만 아니라 건강에도 해롭다. 화는 쌓아두는 것이 아니라 지혜롭게 표현하며 발산해야 한다.

미국 러시대학교의 로버트 S. 윌슨 교수는 평균 연령 75.4세의 고령자 851명을 추적 조사하는 과정에서 5년 동안 사망한 164명 중 대부분이 '화를 표현하지 않고 마음속에 담아두는 경향'이 있었다는 공통점을 발견했다.

요시다 겐코 법사는 『도연초(徒然草, 일본 중세 초기의 수필-옮긴이)』에서 '생각한 것을 말하지 않으면 배탈이 난다'라고 했다. 이는 하고 싶은 말을 하지 않고 마음속에 쌓아두면 불쾌감이 생기고 기분이 나빠질 수 있다는 의미다. 따라서 생각한 것이 있다면 주저하지 말고 상대방에게 적절히 전달하는 것이 좋다.

상대방이 친한 친구나 배우자라도 예외는 아니다. 마음에 걸리는 점을 서로 개선해 나가지 않으면, 장기적으로 즐거운 관계를 유지하기 어렵다.

이야기할 때는 불만이나 푸념을 감정적으로 쏟아내는 대신, 차분한 말투로 "이렇게 해주면 내가 정말 기쁠 것 같아"와 같이 긍정적인 관점을 강조하자.

따뜻한 말투는 상대방이 우리의 처지를 이해하고 공감하게 만드는 데 큰 도움이 된다. 따라서 주저하지 말고 생각이나 감정을 솔직히 표현하자. 화를 속으로만 담아두고 계속 불편해하는 것보다는 전하고자 하는 바를 분명히 전달하는 편이 훨씬 건설적이고 심리적으로도 건강한 방법이다.

날마다 행복해지는
인사의 매력

늘 너그러운 마음을 유지하고 다른 사람과 충돌하지 않도록 노력하자. 그리고 누구에게나 웃는 얼굴로 다정하게 대해 보자.

우리의 고민 중 대부분은 인간관계에서 비롯된다. 따라서 친화력을 기르도록 노력하면 불필요한 갈등이 줄어들고, 인간관계로 인한 스트레스도 느끼지 않게 된다. 이러한 태도를 가진 사람은 당연히 더 오래 살 수 있다.

미국 하버드대학교 공중위생대학원의 로라 D. 쿱잔스키 박사는 1975년 당시 관상동맥심장병 병력이 없는 남성 1,759명을 대상으로 어떤 사람들과 교제하고 있는지 조사했다.

20년 동안 추적 조사를 한 결과, 관상동맥심장병에 걸린 323명은 사람과의 교제가 부족한 편이었다는 공통점을 발견했다. 이러한 연구 결과는 사람과의 교제가 원활하지 않으면 스트레스를 받고, 이로 인해 심장이 부담을 받아 심근경색이나 심장 발작으로 이어질 가능성이 커진다는 점을 시사한다.

그러면 어떻게 하면 친화력이 좋은 사람이 될 수 있을까? 의외로 방법은 간단하다. 먼저 인사를 해보는 것이다. 누구를 만나든 "안녕하세요!", "반갑습니다!"라고 밝은 목소리로 인사하는 습관을 들이자. 굳이 잡담으로 이어지지 않아도 괜찮다. '그게 다야?'라고 생각할 수도 있지만, 밝게 인사하는 것만으로도 충분하다. 인사만 해도 사람과 친밀해지기 쉽다.

우리는 자신에게 인사하는 사람에게 호감을 느끼는 일은 분명 있어도 싫어하는 마음은 결코 생기지 않는다. 인사를 받으면 자신의 존재를 인정받는 기분이 들어 기쁜 마음이 든다. 일상에서 누구에게나 먼저 인사를 하는 것만으로도 여러분의 이미지는 크게 변화할 수 있다. 식당에 갔을 때는 계산할 때 "맛있게 잘 먹었습니다"라고 인사해보자. 편의점에서 물건을 사고 나올 때도 "감사합니다"라고 점원에게 말을 건네보자.

'고작 인사 한마디로 무엇이 바뀔까?'라고 생각할 수도 있다. 하지만 꾸준히 모든 사람에게 밝게 인사하는 습관을 들이면 점차 붙임성 있는 사람이 될 수 있다. 또한 친화력이 좋은 사람으로 보이게 되어 누구와도 친하게 지낼 수 있게 된다. 그러면 사람들과의 관계에서 스트레스도 덜고, 매일 행복한 기분으로 보낼 수 있을 것이다.

섬세한 성격이
오래 산다

전 세계적으로 대부분 여성이 남성보다 오래 사는 경향이 있다. 여성이 더 오래 사는 이유로, 세심하고 사려 깊은 성격이 꼽히기도 한다. 그렇다면 남성도 이러한 성격을 지니게 되면 오래 살 수 있지 않을까? 이 의문에 주목한 미국 듀크대학교의 파멜라 J. 맥슨 박사는 한 가지 연구를 진행했다. 그 결과, 맥슨 박사의 가설대로 성격적으로 섬세하거나 부드러운 특성을 가진 사람은 오래 사는 경향이 있다는 점이 확인되었다. 그렇다면 세심한 성격이란 구체적으로 무엇일까? 강인하고 단호한 성격과 비교해서 보면 이해하기 쉽다.

- 공격적이기보다는 너그럽게 사람을 대하는 태도
- 경쟁적이기보다는 상대방에게 승리를 양보하는 자세
- 냉혹하기보다는 애정 어린 관계를 맺으려는 노력
- 자기 중심적이기보다는 타인의 입장을 공감하는 자세

대체로 이러한 특징이 섬세하고 부드러운 성격에 부합하지 않을까? 성별에 상관없이 이러한 성격을 가지면 오래 살 가능성이 커질 것이다.

사려 깊은 태도를 갖추는 것은 그리 어려운 일이 아니다. 모두에게 친절하고 상냥한 마음으로 대하려고 노력하면 된다. 앞서 '친화력이 좋은 사람이 되자'라고 조언했는데 친화력을 기르는 비결은 바로 세심함에 있다고 할 수 있다. 친화력을 키우기 위해 노력하다 보면 자연스럽게 타인을 배려하는 마음과 애정 어린 태도가 길러질 것이다.

만약 자신이 제멋대로 행동하거나 자기 중심적인 사고로 다른 사람들과 융화되지 못하고 있다는 점을 깨달았다면, '안 돼! 이렇게 살면 오래 살 수 없어!'라고 스스로 다음을 바꿔보자. 그런 다음, 보다 애정 어린 태도로 사람을 대하도록 하자. 친화력이 좋은 태도는 건강하고 오래 사는 삶을 위해 매우 중요한 요소라고 할 수 있다.

호감을 얻는
요즘 60세의 대화법

젊은 세대는 나이 든 사람과 대화하는 것을 그다지 좋아하지 않는 경우가 많다. 그 이유는 나이가 들수록 말이 너무 장황해지거나 같은 이야기를 반복하는 경향이 있기 때문이다. 따라서 나이가 들수록 대화할 때는 간결하고 명확하게 말하는 것이 중요하다. 지나치게 긴 이야기는 상대방의 흥미를 잃게 만들고, 오히려 대화를 멀리하게 할 가능성이 크다.

미국 클레어몬트대학원 캘리포니아 캠퍼스의 로리 E. 제임스 박사는 이와 관련하여 흥미로운 실험을 했다. 평균 연령 19.4세의 젊은 성인 20명과 평균 연령 73.1세의 고령자 20명

[그림 6] 사진을 설명할 때 사용한 단어 수

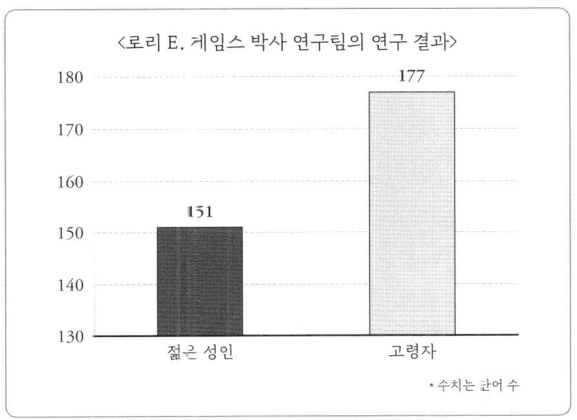

에게 같은 사진을 보여주고 그 사진을 설명하게 했다. 그리고 설명할 때 사용한 단어 수를 측정하니, 고령자가 더 많은 단어를 사용하는 경향이 나타났다.

젊은 성인은 평균 151개의 단어로 설명을 끝냈지만 고령자는 평균 177개의 단어를 사용했다. 또, 가족과 같은 개인적인 주제에 대해 이야기할 때의 단어 수도 측정했는데, 젊은 성인은 평균 201개의 단어를 사용하는 것에 비해 고령자는 평균 489개의 단어를 사용했다. 젊은 성인에 비해 무려 2배 이상 말을 길게 한 것이다. 추가로 이야기의 내용에 대해 들여다봤더니 고령자의 이야기에는 주어진 주제와 무관한 내용이 포함되는 비율도 높았다. 이처럼 나이가 들수록 이야기가 길어지는 경향이 있다는 점은 실험으로도 확인되었다.

나는 초등학교 시절 교장 선생님의 조회 시간이 무척 싫었던 기억이 있다. 이야기가 너무 길고, 화제가 여기저기로 튀어 집중하기 어려웠기 때문이다. 이러한 경험은 많은 이들에게도 익숙하지 않을까? 고령자의 긴 이야기로 피로감을 느낀 경험이 있다면, 적어도 자신이 나이가 들어서는 이런 실수를 반복하지 않도록 주의해야 한다.

간결하고 명확하게 이야기하는 습관을 기르면 상대방에게 좋은 인상을 줄 수 있다. 말은 짧고 핵심을 찌를수록 더 효과적이다. 이야기가 길어지면 오히려 전달력이 떨어지고 상대방에게 부담을 줄 수 있다. 나이가 들어 직장이나 공식적인 자리에서 연설할 기회가 늘어날수록 되도록 간단하게 말하는 것이 중요하다. '말이 길어서 무슨 말인지 모르겠어'라는 반응이 돌아오지 않도록 조심해야 한다.

말이 긴 사람을 좋아하는 이는 없다. 사람들에게 호감을 얻고 싶다면 이야기를 짧게 핵심만 전달하는 태도가 필요하다.

생각보다 기분이 좋아지는
낯선 사람과의 대화

　사교적인 사람일수록 매일을 더 즐겁게 보낼 수 있다. 인간관계는 때로는 스트레스를 유발하기도 하지만 기본적으로는 '즐거움'을 주는 일이다.
　늘 활기차고 즐거운 삶을 살고 싶다면 먼저 다양한 사람에게 말을 거는 습관을 길러보자. 심지어 자신과 직접적인 관계가 없는 사람에게도 말이다. 예를 들어, 직장에서 마주치는 경비원, 타 부서 직원 혹은 업무와 간접적으로 관련된 사람 등 사무적으로 연결되지 않은 사람이라도 가볍게 말을 걸어보는 것이다.

미국 시카고대학교의 니콜라스 에플리 교수는 매우 흥미로운 실험을 진행했다. 일리노이주 홈우드 역을 이용하는 97명의 통근자에게 우연히 마주친 낯선 사람에게 말을 걸도록 요청했다. 그 결과, 실험 참가자들은 낯선 사람과 평균 14.2분 동안 대화를 나누었는데, 소감을 물었을 때 많은 사람이 '매우 재밌었다'라든가 '기분이 좋아졌다'라는 긍정적인 답변을 남겼다.

나와 전혀 관계 없는 사람일지라도 간단한 대화를 나누는 것은 즐거운 경험이 될 수 있다. 낯선 사람에게 말을 거는 일이 어려워 보일 수 있지만 사실 그렇게 큰 용기가 필요하지 않다. 처음에는 경험과 연습이 필요할 뿐이다. 낯선 사람과 대화를 나누는 습관이 생기면 점차 긴장감도 사라지고 자연스러운 대화를 나눌 수 있게 된다. 누구나 이러한 변화를 경험할 수 있다.

'낯선 사람이 갑자기 말을 걸면 이상하게 생각하지 않을까?'라는 걱정은 굳이 할 필요가 없다. 아주 짧은 말 한마디로도 충분하다. 예를 들어, 공원에서 반려견과 산책하는 사람에게 "강아지가 정말 귀엽네요"라고 말을 걸어보자. 낯선 사람과

엘리베이터를 타면 "오늘 날씨가 참 춥네요"라고 말을 건네는 것이다. 아주 짧은 말 한마디라도 충분하다.

만약 이런 짧은 대화도 어렵게 느껴진다면, 간단히 인사하는 것부터 시작해보면 어떨까? 스쳐 지나가는 사람에게 "안녕하세요"라고 인사를 건네보자. 더 길게 말할 필요 없이 인사만 하고 그대로 지나쳐도 괜찮다. 상대방이 응답하지 않아도 개의치 말고, 일종의 훈련처럼 인사를 해보는 것이다.

낯선 사람과의 대화는 생각보다 기분 좋은 감정을 불러일으킨다. 이 작은 행동들이 반복되면 점점 더 자연스럽게 사람들과 소통할 수 있게 된다. 이러한 가벼운 대화 습관은 우리의 일상에 기분 좋은 바람을 불어넣어 줄 것이다.

친절한 태도의
강력한 힘

　사람에게 친절과 애정을 담아 대하는 태도는 자신뿐 아니라 주변 사람까지 행복하게 만들어준다. 친절한 태도는 마치 파도처럼 주변으로 확산되며 긍정적인 영향을 미친다. 나이가 들수록 우리는 주변 사람에게 의지해야 할 일이 많아진다. 특히 노인을 간병하는 일은 신체적, 정신적으로 매우 힘든 일이 될 수 있다. 간병 경험이 있는 사람이라면 그 과정에서 겪는 노동과 스트레스가 얼마나 큰지 잘 알 것이다.
　간혹 뉴스에서 요양 시설에서 발생한 노인 학대 사건이 보도되기도 한다. 이런 뉴스를 접하면, 많은 사람은 학대한 요양 시설 직원이 차갑고 비인간적인 사람이라고 비난할 수도 있지만 한편으로 나는 그들의 처지를 이해하고 동정하게 된다. 노인을 돌보는 일은 정말 고된 일이므로 스트레스나 짜증이 쌓여 순간적으로 감정을 제어하지 못하는 경우도 있을 수 있다고 생각한다.

'간병 피로'라는 말이 있다. 배우자를 간병하는 경우에도 처음에는 최선을 다해 돌보지만 기간이 길어지면 극심한 피로를 느껴 지쳐버리기도 한다. 그런데 놀랍게도 간병하는 사람을 지치게 하지 않는 사람도 있다. 바로 친절하고 따뜻하게 대하는 사람이다.

미국 코넬대학교의 캐서린 리핀 교수는 간병인과 그 간병을 받는 사람 312쌍에 대해 조사해보니 간병을 받는 사람이 친절할수록 간병인 역시 심리적, 신체적으로 더 건강하다는 사실을 확인했다. 친절한 사람은 다른 사람이 챙겨주는 것을 당연하게 여기지 않는다. 다른 사람이 해주는 모든 일에 감사하며 그 마음을 적극적으로 표현한다.

"늘 미안해요. 정말 고마워요."

"큰 도움이 되었어. 고마워."

"눈물이 날 정도로 기뻐요."

이처럼 따듯한 감사의 말을 평상시 잊지 않는다. 이러한 태도 덕분에 도와주는 사람은 보람을 느낀다.

식당에서도 마찬가지이다. '나는 손님이다'라는 태도를 보이는 사람보다 "잘 먹었습니다. 정말 맛있었어요. 다음에 또 올게요"라고 인사를 전하는 손님이 점원을 기분 좋게 만든다. 이런 손님을 보면 점원도 '다음에 오시면 더 잘해드리고 싶다'라는 마음이 생길 것이다.

'친절한 태도'라고 해도 구체적으로 어떻게 해야 할지 잘 모를 수 있는데, 감사한 마음을 말과 행동으로 표현하는 것이다. 우선 '고마워'라는 말을 되도록 많이 해보자. 그러면 누구나 친절한 태도를 가질 수 있을 것이다. 마음속으로만 감사하고 있다면 그 마음은 상대방에게 전달되지 않는다. 상대방에게 진심으로 '고마워'라고 전하는 것이야말로 친절한 태도를 실천하는 첫걸음이다.

치매에 걸리면
어린아이가 된다

치매에 걸린 사람을 대할 때는 '이 사람은 어린아이다'라고 생각하면 좋다. 그래야 무슨 일이 있어도 평정심을 유지할 수 있다. '나이 든 어른'이라고 생각하기에 화가 나는 것이다.

미국 플로리다대학교의 안효철 박사는 65세 이상의 치매 환자 50,657명을 대상으로 조사를 했는데, 치매에 걸리면 자기 의사를 잘 전달하지 못하기 때문에 화를 내거나 난폭한 행동을 해서 '아프다'는 표현을 한다는 사실을 발견했다.

치매에 걸리면 자기 기분을 상대방에게 잘 전달하지 못한다. 그래서 크게 소리치거나 난폭한 행동을 하게 되는 것이다.

어린아이도 그렇지 않은가? 어린아이는 아직 표현이 서투르기 때문에 '배가 고프다'라든가 '기저귀를 갈고 싶다'라는 자기 의사를 전달할 수 없다. 그저 할 수 있는 것이라곤 큰 소리로 울거나 손과 발을 버둥거리는 것뿐이다.

만약 배우자가 치매에 걸렸다면 어린아이라고 생각하자. 그렇게 생각하고 바라보면 큰 소리를 내거나 옷을 아무렇게나 벗어 던져도 좀 더 쉽게 이해하고 용서할 수 있다. 어린아이가 울부짖는다고 해서 그때마다 어린아이를 혼내는 사람은 없다. 치매에 걸린 사람도 마찬가지이다. 치매 때문에 뇌의 위축으로 언어 기능이 잘 작동하지 않으면, 말로 조리 있게 표현할 수 없어서 어린아이처럼 행동하게 된다.

치매에 걸린 사람을 대할 때 '나도 언젠가 이렇게 될 수 있어'라고 생각하는 것도 좋은 방법이다. 설령 배우자나 가족이 치매에 걸린다고 해도 그렇게 화가 나지 않을 것이다. 사람이라면 누구나 지나갈 길이라고 생각하면 너그러운 마음과 태도로 대할 수 있을 것이다.

관계는 쌓고
편견은 줄이는 방법

과거의 가족 형태는 대가족이 주를 이루었다. 조부모, 부모, 자녀와 손자까지 3대가 함께 생활했다. 당시에는 주변에서도 고령자를 쉽게 접할 수 있었기 때문에, 고령자에 대한 편견은 지금처럼 부정적이지 않았다. 그러나 현대에는 가족 구조와 생활방식이 크게 변화했다. 핵가족화가 진행되면서 아이들은 고령자와 만날 기회가 점차 줄어들었다.

이러한 변화는 고령자에 대한 인식을 변화시키는 결과를 가져왔다. 그래서 요즘에는 많은 사람이 고령자에 대해 '노인은 지저분한 존재', '가능하면 피하고 싶은 대상' 등의 편견을 가지게 되었다.

이 같은 편견을 줄이고 싶다면, 어릴 때부터 고령자와 만남의 기회를 늘리는 것이 중요하다. 고령자와의 접촉이 많을수록 그들에 대한 잘못된 선입견이나 편견이 생길 가능성이 낮아진다.

네덜란드 학제간 인구학연구소(NIDI)의 케네 헹켄스 박사는 3,433개의 기업을 대상으로 조사를 했는데, 업무에서 나이든 사람과 자주 만나는 사람일수록 고령자에 대한 편견이 없다는 사실을 발견했다. 이들은 '고령자는 기술에 약하다', '고령자는 생산성이 낮다'와 같은 고정관념을 가지지 않는 경향을 보였다.

이는 고령자뿐만 아니라 외국인, 장애인, 이성 등 다른 대상에 대한 편견에도 적용된다. 편견을 없애는 가장 좋은 방법은 먼저 상대방과 접촉하며 대화를 시도하는 것이다. 교류와 만남이 많아질수록 편견은 줄어든다.

미국 시애틀퍼시픽대학교의 마가렛 A. 브라운 교수는 서비스 프로젝트의 하나로 대학생들을 노숙자 지원 센터, 요양 시설, 호스피스 등에서 9주 동안 아르바이트하게 했다. 9주 후

아르바이트를 마친 대학생들과 이야기를 나눠보니, 그동안 가지고 있었던 편견이 모두 사라졌다는 감상을 남겼다.

　물론 편견을 한순간에 바꾸기는 쉽지 않다. 그러나 편견을 가진 대상과 접촉하며 대화하려는 노력을 기울인다면 시간이 지날수록 편견은 점차 줄어들 것이다.

자존감이 높은
어른의 특징

도움은 받는 것보다 주는 편이 훨씬 긍정적인 영향을 준다. 왜냐하면 다른 사람에게 도움을 받는 상황이 반복되는 것 자체로 자존감이 낮아질 수 있기 때문이다. 물론 생활에 어려움이 있는 경우에는 주저하지 말고 상담을 받아 필요한 도움을 받아야 한다.

나이가 들수록 도움을 받을 기회가 많아지는 것은 자연스러운 일이다. 그러나 일방적으로 도움만 받다 보면 '나는 불필요한 존재야', '나는 무능력해'라는 생각이 들기 쉬워진다. 따라서 자신의 상황이 허락하는 범위 내에서 다른 사람에게 도움을 주려고 노력하는 것이 좋다.

미국 미시간대학교의 저지 리앙 교수는 65세 이상의 성인 1,103명을 조사했는데, 다른 사람에게 도움을 받는 것보다 도움을 주는 사람의 자존감이 더 높은 경향이 있다는 것을 밝혔다. 스스로 아무것도 하지 않고 도움만 받는 것은 편할 수 있다. 그러나 편안함만을 추구하다 보면 활력이 점점 줄어들 수 있다.

미국 예일대학교의 주디스 로딘 박사는 한 노인 요양 시설에서 실험을 했다. 원래 이 시설에서는 입주한 고령자들에게 직원들이 모든 것을 대신해주는 서비스를 제공했다. 입주자들은 그저 서비스를 받기만 하면 되는 환경이었다. 그런데 더할 나위 없는 서비스를 받고 있음에도 불구하고 사망률이 높았다고 한다.

이에 로딘 박사는 요양 시설의 방침을 바꿨다. 직원들이 모든 것을 대신해주는 것이 아니라, 입주자가 '스스로 할 수 있는 일은 직접 하도록' 하게 했다. 예를 들어, 스스로 옷을 입을 수 있는 사람은 직접 옷을 입게 하고, 식물에 물 주기를 할 수 있는 사람은 식물 관리를 맡겼다. 그러자 입주자들은 하루 동안 자신이 맡은 역할을 충실하게 해냈다. 활력이 생기자 서로 이야기를 나누며 자주 웃게 되었고 시설 내에서 활동적으로 움직이게 되었다. 무엇보다도 사망률이 많이 감소하는 긍정적인 변화가 나타났다.

스스로 할 수 있는 일은 직접 하는 것이 중요하다. 다른 사람의 도움만 받으면 무기력해지고 자신감과 활기가 없어질 것이다.

만약 스스로 몸을 움직일 수 있다면, 만들어진 음식을 먹기만 하는 대신 직접 요리를 해보는 것은 어떨까? 누군가에게 장보기를 부탁하지 않고, 시장이나 마트에 나가 직접 식료품을 골라보는 것도 좋은 선택이다. 이러한 작은 실천으로 인해 매일의 생활도 즐거워질 것이다.

'나는 이제 나이가 들어서 다른 사람이 해줬으면 좋겠어'라는 생각은 잘못된 것이다. 나이가 들어도 할 수 있는 일은 직접 하고 다른 사람을 돕는 삶을 지향해야 한다. 그렇게 삶을 살아간다면 활기차게 더 오래 살 수 있다.

손주와 시간을 보내는 사람일수록
더 행복하다

많은 사람이 자식에게는 엄격하게 훈육했으면서도, 손주에게는 한없이 너그러운 모습을 보인다. 그래서일까? 손주들은 할머니, 할아버지 앞에서 어리광을 부리는 경우가 많다.

당신에게 손주가 있다면, 함께 놀아보는 시간을 꼭 가지자. 손주가 게임기를 가지고 있다면 조작법을 배워 함께 즐기는 것도 좋다.

만약 당신은 시골에 살고 있고, 손주는 도시에 살고 있다면 손주가 시골에 놀러왔을 때 그곳에서만 할 수 있는 놀이를 알려주자. 서로에게 특별한 추억이 될 것이다.

예를 들어 개울에서 물고기 잡기, 나무 타기, 곤충채집, 죽마(대나무 막대기에 발을 얹어 빨리 갔다 오기를 겨루는 놀이-옮긴이), 실뜨기 등과 같은 요즘 아이들이 그다지 해본 적 없는 놀이는 아이들에게 새로운 경험이 될 수 있다.

독일 베를린에 있는 독일노년학센터(German Centre of Gerontology)의 카타리나 만 박사가 평균 연령 74세의 고령자 990명을 조사해보니, 손주와 시간을 보내는 사람일수록 더 큰 행복감을 느끼고 심리적으로 건강한 상태를 유지하는 것으로 나타났다.

오늘날에는 과학 기술의 발전으로 멀리 떨어진 곳에 사는 손주와도 쉽게 소통할 수 있는 감사한 시대다. 아무리 멀리 떨어져 있어도 손주의 얼굴을 보며 대화하는 것은 이제 간단한 일이 되었다. 새로운 기술의 조작법을 익히는 것이 다소 귀찮게 느껴질 수 있지만 '손주들과 대화할 수 있어'라는 동기가 있다면 시도해볼 만하지 않을까? 사람은 아무리 나이가 들어도 필요한 일이라면 얼마든지 배울 수 있다.

손주는 막상 부모에게는 쉽게 말하지 못한 고민이나 속마음을 조부모에게 털어놓는 경우가 많다. 조부모는 인생의 선배로서 손주에게 조언과 위로를 줄 수 있으며, 이러한 대화는 손주와 조부모 모두에게 만족감을 준다.

정년 후에도 손주에게 선물을 주고 싶다면 일주일에 몇 번씩 일하는 것도 좋다. 이처럼 손주와의 교류는 일을 계속하는 좋은 동기 부여가 될 수 있다.

5장

부정적인 생각, 이제는 안녕! 요즘 60세의 멘탈 관리

어떤 생각을 하느냐가
미래를 바꾼다

우리는 예언자가 아니다. 미래에 어떤 일이 일어날지는 아무도 알 수 없다. 그런데도 미래를 떠올릴 때마다 부정적이고 비관적인 생각만 하는 사람이 있다. 이른바 비관주의자이다. 비관주의자는 끊임없이 음울한 상상에 사로잡힌다.

'어차피 나는 오래 살지 못할 거야.'
'결혼 같은 건 나와는 거리가 멀어.'
'내가 부자가 되는 건 불가능한 일이야.'

이처럼 모든 일을 비관적으로 바라보고 스스로의 인생에 부정적인 결론을 내리는 사고방식은 좋은 결과를 가져오지 않는다.

미국 피츠버그대학교의 리처드 슐츠 박사는 방사선 치료를 받는 암 환자 238명을 8개월 동안 조사했는데, 그 기간 내에 사망한 70명에게 영향을 미친 요인 중 하나가 비관적인 태도였다.

'암에 걸렸으니 살 가망이 없어. 내 인생은 이제 끝났어.'

자신의 병증과 미래에 대해 비관적인 태도를 가진 환자일수록 병이 악화되는 속도가 빨라져 사망에 이르렀다. 물론 어렵겠지만 '암에 걸렸지만 완치된 사람도 많아. 나도 그중 한 명이 될 거야'라고 희망을 품고 긍정적으로 생각하는 것이 좋다.

비관적인 태도는 단순히 생각에 그치지 않고 실제로 부정적인 결과를 끌어낸다. '시험에 합격할 리 없어'라고 생각하는 수험생은 시험에서 떨어질 가능성이 크다. '상대방의 실력이 뛰어나니 내가 이길 리 없어'라고 생각하는 스포츠 선수는 실

제 경기에서 패배할 확률이 높다.

　우리 미래는 결국 자신이 어떤 생각을 하느냐에 따라 달라진다. 밝은 미래를 상상한다면 긍정적인 결과가 찾아올 것이고, 비관적인 미래를 생각하면 실제로 부정적인 결과가 도래할 것이다.

　스스로 자기 무덤을 파는 행동을 해서는 안 된다. 비관적인 생각이 머릿속에 떠올랐다면 '이런 생각은 위험해. 정말로 나쁜 일이 생길 수도 있어'라고 스스로를 타일러야 한다. 그리고 의식적으로라도 긍정적인 생각을 가지도록 노력해야 한다.

걱정과 불안은
'반론'으로 해소하자

불안은 우리의 수명을 단축시킬 수 있다. 호주 시드니대학교의 크리스토퍼 테넌트 교수는 1980년부터 2000년까지 발표된 논문을 취합하여 관상동맥성 심장질환에 영향을 주는 요인에 대해 분석했는데, 걱정과 불안이 가장 큰 영향을 주는 요인으로 밝혀졌다.

'노후 생활은 괜찮을까?'
'언제까지 건강하게 생활할 수 있을까?'
'갑자기 심장 발작이 오면 어떡하지?'

걱정과 불안에 사로잡혀 생활하면 심장에 부담이 커질 수 있으니 주의가 필요하다. 그렇다면 이러한 걱정과 불안을 어떻게 해소할 수 있을까? 효과적인 방법 중 하나는 걱정이나 불안에 '반론'을 제기하는 것이다.

이 방법은 호주 티즈메이니아대학교의 테드 톰슨 박사에 의해서도 유효성이 입증되었다. 톰슨 박사는 심리 검사로 염려증이나 비관적인 성향이 있는 사람들을 대상으로 4주간 '반론 훈련'을 시행했다. 이 훈련에서는 자신이 가진 불안이나 걱정에 구체적으로 어떻게 반박할지를 배우도록 했다. 예를 들어, 건강에 대한 불안을 느끼는 사람들에게는 다음과 같이 반론하도록 가르쳤다.

'나는 정기적으로 운동하고 있지 않은가!'
'나는 건강한 식단을 지키고 있지 않은가!'
'부모님도 건강하시지 않은가!'

이처럼 건강에 대한 불안이 떠오를 때마다 반론하는 훈련을 한 사람은 심리 검사에서 비관적인 경향이 크게 감소한 것으로 나타났다. 건강뿐만 아니라 인간관계나 금전적 문제 등 다른 불안 요인에 대해서도 미리 반론할 내용을 준비해두면 불안감을 해소하는 데 도움이 된다.

혼자서 반론할 멘트를 생각하기 어렵다면 친구나 가족의 도움을 받아 아이디어를 모아보자.

반론 멘트를 준비할 때는 한두 개만으로는 불안할 수 있으니, 최소 10개, 가능하다면 20개 정도를 작성해두면 아무런 걱정이 없다.

'내 상황에 딱 맞아!'라고 느껴지는 멘트나 문구는 종이나 스마트폰에 메모해두었다가 불안한 생각이 들 때마다 꺼내보면서 반론해보는 것도 좋은 아이디어이다.

불안감을 아예 없애는 것은 불가능하겠지만 점점 줄여갈 수는 있다.

무리한 꿈보다
새로운 꿈

 꿈을 가지는 것은 인생에 있어 매우 소중한 일이다. 하지만 자기 힘으로는 그 꿈을 이룰 수 없을 것 같을 때 우리는 무력감이나 절망감을 느낀다. '노력하면 이룰 수 있을 것 같아'라는 수준의 꿈은 도전할 가치가 있다.

 하지만 너무 큰 꿈이나 현실적으로 달성하기 어려운 목표에 집착하고 있다면 과감히 빨리 그만두는 것도 하나의 방법이다. '이제는 그만두자!'라고 단호히 결단을 내리면, 오히려 마음이 홀가분해지고 새로운 기회를 마주할 가능성이 커진다. 계속해서 닿지 않는 꿈만 좇는다면 결코 행복해질 수 없다. 때로는 어느 정도 선에서 단념하는 용기가 필요하다.

캐나다 콘코디아대학교의 카스텐 로쉬 교수는 달성 불가능한 목표는 빨리 그만두는 편이 우울증이나 좌절감과 같은 부정적인 감정이 적어진다는 연구 결과를 발표했다.

너무 큰 꿈에 집착하며 살아간다면 어떻게 될까? 적어도 그 사람은 이루기 어려운 꿈을 좇아 계속 괴로워하며 살아갈 가능성이 크다. 현실적으로 너무 큰 꿈은 단호하게 그만두는 것이 정답이다. 손에 닿을 수 있는 소박한 꿈을 설정하는 것이 정신 건강에 좋다.

작은 목표라도 이룬다면 '해냈다!'라는 생각이 들면서 큰 기쁨을 느낄 수 있다. 지금의 꿈이 이루어지면 다음에는 조금 더 열심히 하면 이뤄질 수 있는 새로운 꿈을 발견하면 된다.

물론 생활이 안정되어 경제적, 시간적 여유가 충분히 있다면 과거의 꿈에 다시 도전해보는 것도 좋다. 학창 시절 뮤지션이 되고 싶었다면 밴드 활동을 해보거나, 만화가를 꿈꿨다면 온라인 플랫폼에 작품을 공개하거나 소규모 만화잡지를 만드는 작업도 재미있을 것이다. 취미 활동은 폭넓은 세대와 교류하며 삶의 새로운 활력을 불어넣어 줄 것이다.

반려동물을 키우는 사람의 생존율은?

만약 동물을 싫어하지 않는다면, 동물을 가족으로 맞이해 보자. 동물과의 교감은 큰 힐링 효과가 있다.

일반 사람들에게는 생소하지만 심리치료 중에 '애니멀 테라피'라는 기법이 있다. 이름 그대로 동물과의 접촉을 통해 심리적 안정을 얻는 치료법이다. 이러한 심리치료 기법이 존재한다는 사실만으로도 동물과 함께 하는 것이 마음 치유에 얼마나 큰 도움을 주는지 알 수 있다.

특히 자녀나 손주가 멀리 있어 고독을 느끼는 사람이라면 동물과 함께 지내는 것을 추천한다. 단지 동물이 곁에 있다는

[그림 7] 동물을 키우는 사람과 아닌 사람의 생존율

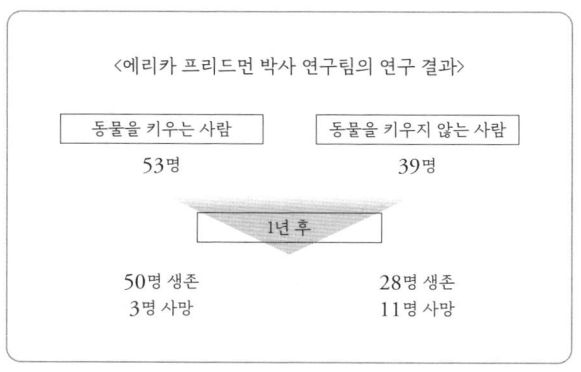

것만으로도 마음의 평안을 가질 수 있다.

미국 브루클린대학교의 에리카 프리드먼 박사는 심근경색과 협심증으로 집중 치료를 받는 92명 중 동물을 키우는 53명과 동물을 키우지 않는 39명의 1년 후를 비교해보았다. 결과적으로 동물을 키우는 그룹은 1년 후에도 건강을 유지했고 사망자는 3명에 불과했다. 반면 동물을 키우지 않는 그룹에서는 11명이 사망했다. 이러한 결과는 동물을 키우는 것이 생존율 향상에 긍정적인 영향을 미칠 수 있음을 보여준다.

이는 비단 고령자에게만 해당하는 방법이 아니다. 매일 큰 스트레스를 느끼는 사람들도 반려동물과 함께 생활하면 효과적이다. 반려동물을 정성껏 돌봐주면 동물은 주인을 잘 따른다. 이러한 동물과의 교감은 마음을 평온하게 만들어준다. 하루의 스트레스도 반려동물과 함께 하는 시간을 통해 해소할 수 있다.

만약 집에서 동물을 키우는 것이 부담스럽다면, 고양이 카페나 애견 카페와 같은 장소를 방문해보는 것도 좋은 방법이다. 동물을 다정하게 쓰다듬어 주면 동물도 기분이 좋아지겠지만 그 순간 우리 역시 마음의 평안을 느낄 수 있다.

흔히 '동물을 좋아하는 사람 중에 나쁜 사람은 없다'라고 한다. 실제로 나는 동물을 키우는 사람에게서 온화한 인상을 종종 받는데, 동물에게 애정을 주는 사람은 인간관계에서도 따뜻하고 배려심이 깊은 경우가 많다.

물론 동물을 돌보는 데에는 시간과 노력이 필요하다. 하지만 이러한 노력을 통해 얻는 기쁨과 만족은 그 이상의 가치가 있다.

우울증은 비만과 함께 찾아오는 위험한 손님

나이가 들수록 외모에 관한 관심이 줄어드는 경우가 많다. 젊은 시절과 달리 이성에게 잘 보이고 싶은 욕구가 약해지고, 살이 쪄도 큰 신경을 쓰지 않게 된다. 하지만 좋아하는 음식을 마음껏 먹는 생활이 반복되면 비만으로 이어질 수 있으니, 주의가 필요하다.

비만은 단순히 외모에만 영향을 미치는 것이 아니라 신체 건강과 정신 건강에도 부정적인 영향을 미칠 수 있다. 체중이 증가하면 운동 부족으로 이어지기 쉽고, 신체 여러 부위에 문제가 발생할 가능성이 커진다. 또한, 정신적으로도 악영향을 미쳐서 우울증 가능성이 커진다고 한다.

　미국 하버드대학교 보건대학원의 앙 팡 박사는 1996년부터 2006년까지 54~79세 사이의 여성 65,955명을 대상으로 비만과 우울증의 관계성에 대해 조사했다. 그 결과, '살이 찌면 우울증에 걸리기 쉽고, 우울증에 걸리면 과식과 운동 부족으로 비만이 되기 쉽다'는 인과관계가 확인되었다. 즉, 비만과 우울증은 서로 밀접하게 영향을 주고받는 관계임이 밝혀졌다.

　나이가 들었다고 해서 '이제 외모에 신경 쓸 나이도 아니고, 비만이면 어때'라고 생각한다면 위험하다. 이성에게 잘 보일 필요는 없지만 다른 합병증과 우울증과 같은 정신 건강 문제는 적극적으로 예방해야 한다.

　미국 스톡턴대학교의 데이비드 레스터 교수는 과체중군에 속하는 70명을 대상으로 유사한 연구를 했다. 그 결과, 70명의 과체중군 중 32%가 심각한 우울증으로 고통받고 있었으며, 23%가 자살 위험이 있다는 사실이 밝혀졌다.

　어쩌면 비만이 부정적인 사고의 원인일 수도 있다. 따라서 조금이라도 살을 빼고 몸을 가볍게 하면, 불안이나 비관적인 사고를 억제할 수 있을지도 모른다. 비만은 신체적으로도, 정신적으로도 장점을 찾아보기 어렵다.

적당한 운동과 적당한 식사량을 유지한다면 비만 예방에 효과적이다. 젊은 시절부터 올바른 생활 습관을 기르고 이를 지속한다면, 나이가 들어서도 건강하고 활기찬 생활을 할 수 있다.

지중해식 식단으로
저속노화를 실천하자

그리스, 이탈리아, 스페인, 모로코 등의 지중해 연안 국가들은 심혈관계 질환, 당뇨병, 암 등 주요 질병의 발병률이 낮은 것으로 잘 알려져 있다. 그 비결이 뭘까? 여러 요인 중에서 그중 가장 큰 요인으로 꼽히는 것은 바로 '식단'이다. 지중해 연안의 사람들은 전통적으로 육류보다 생선을 더 많이 섭취하며, 채소나 과일도 풍부하게 먹는다. 이러한 식습관이 그들의 건강을 지키는 데 중요한 역할을 하는 것이다.

스페인 라스팔마스대학교(ULPGC)의 알무데나 산체스-빌레가스 교수는 55~85세의 남성과 60~80세의 여성 총 3,923

명을 대상으로 '지중해식 식단'을 실천하는 연구를 진행했다. 이 연구에서는 생선, 채소, 과일, 콩류, 견과류 등을 주로 섭취하도록 하고 경과를 지켜봤다. 그 결과, 사람들의 우울증 위험이 감소하는 것으로 나타났다. 건강한 식습관을 통해 우울증에 걸리지 않고 건강한 삶을 유지할 수 있는 것이다.

현재 우울증이 없더라도, 지중해식 식단은 우울증 예방에 효과적이므로 생선과 채소를 적극적으로 섭취하려는 노력이 필요하다. 물론 고지방 육류를 절대 먹지 말라는 것은 아니지만 가능하다면 섭취를 줄이는 것이 바람직하다.

혹시 비관적인 생각을 자주 한다면, 그 원인 중 하나로 생선이나 채소 섭취 부족을 의심해 볼 수 있다.

채소 섭취가 풍부한 지중해식 식단은 우울증 예방뿐만 아니라 당뇨병, 이상지질혈증, 비만 예방에도 효과적이라고 알려져 있다. 더불어 건강하게 적정 체형을 유지할 수 있다는 것도 고마운 일이다.

생선, 채소, 과일을 별로 좋아하지 않는 사람도 있을 수 있다. 처음에는 참고 먹어보자. 시간이 지나면 '깊은 맛이 있다!'라고 느낄 때가 올 것이다.

이 책은 영양학과 관련된 책이 아니라서 구체적인 요리법을 다루고 있지는 않다. 지중해식 식단에 관심이 있다면 인터넷에서 검색을 통해 다양한 정보와 요리법을 확인할 수 있다. 오늘부터라도 건강을 위해 지중해식 식단을 실천해보면 어떨까?

치매 예방에
효과적인 식습관

　앞서 생선과 채소를 중심으로 한 식단은 우울증 예방뿐만 아니라 당뇨병과 비만을 예방하는 데도 도움이 된다고 이야기했다. 놀랍게도 생선과 채소의 이점은 여기서 그치지 않는다. 생선과 채소로 구성한 식단이 인지 기능에도 긍정적인 효과를 준다는 연구 결과가 많다.
　미국 러시대학교의 마사 C. 모리스 교수는 일주일 동안 생선을 섭취하는 빈도를 기준으로 세 그룹으로 나누어 연구를 진행했다. 그리고 모든 참가자의 인지 기능 저하를 측정해보니 다음과 같았다.

[그림 8] 생선 섭취가 인지 기능에 미치는 영향

```
          〈마사 C. 코리스 교수 연구팀의 연구 결과〉
   일주일 동안 생선을 먹는 횟수              인지 기능의 쇠퇴
      0회 ········ 1,533명        (한 번도 먹지 않은 사람과 비교해서)
      1회 ········ 1,351명                10% 늦춰짐
      2회 ········ 782명                  13% 늦춰짐
```

일주일 동안 생선을 전혀 먹지 않는 사람에 비해 한 번 정도 먹는 사람이 인지 기능의 저하를 약 10% 늦출 수 있었고, 일주일에 두 번 먹는 사람은 약 13%를 늦출 수 있었다. 이 연구는 생선 섭취가 기억력과 판단력을 포함한 인지 기능의 저하를 예방하는 데 도움이 된다는 것을 보여준다.

독일 뒤셀도르프대학교(HHU)의 마리아 C. 폴리도리 박사는 45세에서 102세 사이의 성인 193명을 생선과 채소를 '많이 섭취하는 그룹'과 '적게 섭취하는 그룹'으로 나누어 분석했다. 그 결과, 하루 350g 이상의 생선과 채소를 섭취한 그룹은 하루 100g 이하로 섭취한 그룹보다 인지 기능의 저하가 적은 경향을 보였다.

이러한 연구 결과를 바탕으로 치매를 예방하기 위해 생선

과 채소 위주의 식단을 의식적으로 실천하기를 권한다. 예를 들어 점심 메뉴를 선택할 때 '오늘은 고등어 조림을 먹어볼까?'와 같이 가볍게 실천할 수 있다.

회복탄력성을 기르는
세 가지 방법

곤란한 상황이나 역경 속에서도 이를 '견뎌내는 힘'을 심리학에서는 '회복탄력성(resilience)'이라고 부른다. 이 개념은 '내성', '회복탄력성', '회복력' 등 다양한 용어로 번역된다.

캐나다 콘코디아대학교의 리디아 K. 매닝 박사는 51~98세 사이의 성인 10,753명을 대상으로 2년간 신체 기능 저하로 인해 목욕, 옷 갈아입기, 식사 등에서 어려움을 겪는 현상에 대해 조사했다. 그 결과, 조사 시작 시점에서 회복탄력성이 높은 사람일수록 신체 기능 저하가 적고 건강을 더 오래 유지하는 것으로 나타났다.

그러면 회복탄력성은 어떻게 기를 수 있을까? 첫 번째 방법은 '인생의 목적이나 의미를 느끼는 것'이다. 삶을 살아가는 데 있어서 자기 나름의 목적이 있으면 회복탄력성이 높아진다. 어떤 목적이나 목표든 상관없다. 예를 들어, '자격증을 취득하고 싶다', '해외여행을 하고 싶다', '영어를 유창하게 하고 싶다', '결혼하고 싶다' 등과 같이 개인적인 목표를 설정해도 괜찮으니, 목표를 세워보자. 그저 하루하루를 흘러가는 대로 살아가는 것만으로는 회복탄력성을 키우기 어렵다.

두 번째 방법은 '유머와 센스를 갖추는 것'이다. 유머 감각이 있는 사람은 회복탄력성이 더 높은 경향을 보인다. 역경 속에서도 '이것 참 큰일이네. 그래도 이런 일이 있으니, 인생이 재미있지'라고 웃으며 받아들이는 자세를 가져보자.

괴로운 상황도 마치 게임처럼 흥미롭게 여기면 고통이 덜 느껴지고, 더 쉽게 극복할 수 있다. 큰 사건도 귀중한 경험으로 받아들이고, 이를 긍정적으로 생각하며 웃어넘길 수 있는 여유를 가져보자.

세 번째 방법은 '자신감을 갖는 것'이다. 아무리 어려운 상황이라도 '나는 할 수 있어'라고 믿자. 곤란한 상황에 부닥쳤을 때도 '괜찮아, 나라면 해결할 수 있어'라고 자신을 격려하

는 말을 해보자. 어떤 상황이든 '괜찮아, 괜찮아'라고 말하는 것만으로도 실제로 상황이 더 나아질 수 있다고 느낄 수 있다.

회복탄력성은 여러 요인으로 이루어진 복합적인 개념이다. 지금까지 소개한 세 가지 방법을 염두에 두고 일상생활에서 실천한다면 누구든지 회복탄력성을 기를 수 있다.

운동은 몸과 마음에 특효약

매일 단 몇 분이라도 운동하는 습관을 기르는 것이 좋다. 미국 피츠버그대학교의 커크 I. 에릭슨 교수는 고령자 120명을 대상으로 주 3회 에어로빅 운동을 하게 했다. 그러자 해마의 부피가 2% 증가한 것으로 나타났다. 이는 운동이 기억력 향상에 긍정적인 영향을 미칠 수 있음을 시사한다.

더욱이 운동은 뇌도 활성화하여 치매에 걸릴 위험을 줄이는 데 도움을 줄 수 있다. 만약 외출을 싫어한다면 요가를 해 보면 어떨까? 요가는 집에서도 간단히 할 수 있는 운동이다.

호주에서 활동하는 건강 컨설턴트 조나단 할편 박사는 불면증으로 어려움을 겪는 60세 이상의 성인 57명을 대상으로 12주간 요가 수업을 진행했다. 그 결과, 수면의 질이 이전보다 크게 향상되었으며, 숙면 시간도 늘어난 것으로 나타났다. 또한 우울감이 줄어들고 피로감도 완화되었다고 보고되었다.

요가는 신체 건강뿐만 아니라 스트레스와 불안을 줄이는 데도 효과적이다. 격렬한 운동을 하는 것은 위험을 동반할 수 있다. 의욕이 앞서 과도한 운동을 하게 되면 오히려 신체에 부담을 주어 건강을 해칠 수 있으니 주의해야 한다.

매일 스트레칭이나 요가와 같은 가벼운 운동을 꾸준히 해보자. 근육에 큰 부담을 주지 않고 가볍게 걷는 경보도 훌륭한 유산소 운동에 해당한다. 하루 10~20분 정도라도 몸을 움직이면 수면의 질이 향상되고, 정신 건강에도 긍정적인 영향을 미친다.

기적을 바란다면
매일 꾸준히 몸을 움직이자

몸을 움직이는 것은 건강에 매우 유익하다. 적극적으로 신체를 움직이면 우울증에 걸릴 가능성도 줄어든다.

우울증에 걸린 사람들이 공통적으로 하는 이야기가 있다. 눈을 떴을 때 한 발자국을 움직이기가 너무나도 힘들다는 것이다. 우울해서 몸을 움직이기 어렵고, 동시에 하루 종일 누워만 있는 자신이 싫어져 더 부정적인 생각에 사로잡히기 쉽다.

인간은 '동물'에 속하며, 본질적으로 '움직이는 생물'이다. 따라서 움직이는 것이 인간의 가장 자연스러운 모습이라 할 수 있다. 반대로 움직이지 않게 되면 몸과 마음의 건강을 잃기 쉽다.

동물원에 있는 동물은 자연 상태와 달리 제한된 공간에서만 움직인다. 그래서일까? 동물원에 갇힌 동물들은 종종 생기가 없어 보인다.

캐나다 셔브룩대학교의 헬렌 파예트 교수는 68~82세 사이의 성인 1,741명을 3년 동안 조사하였는데, 신체 기능이 저하되면 우울증에 걸릴 가능성이 커진다는 사실을 밝혀냈다.

신체 기능이 저하되는 이유는 몸을 움직이지 않기 때문이다. 이것은 기계와도 유사하다. 자주 사용하는 기계는 고장이 적지만 장시간 사용하지 않으면 쉽게 고장이 난다.

신체 기능 저하는 몸을 움직이면 자연히 해결된다. 마당 가꾸기, 낚시, 산책 등 자신이 즐길 수 있는 활동을 해보는 것이 좋다. 싫어하는 운동은 지속하기 어려우므로 흥미를 느끼는 활동을 선택하는 것이 바람직하다.

가장 나쁜 생활 습관은 줄곧 집의 소파에 앉아 TV를 시청하면서 시간을 보내는 것이다. 가끔 화장실에 가기 위해 일어서는 정도의 활동만으로는 신체 기능이 저하되고, 마음이 우울해질 가능성이 커진다.

만일 외출이 어렵거나 꺼려진다면, 집에서 간단히 할 수 있는 체조 영상을 스마트폰이나 컴퓨터로 찾아 따라 해보는 것도 좋은 방법이다.

　매일 단 몇 분이라도 꾸준히 몸을 움직인다면 신체 기능의 저하는 크게 줄일 수 있다. 더불어 우울증을 예방하고 활기찬 기분으로 일상을 보낼 수 있을 것이다.

생활 체조로
몸을 깨우자

내가 주로 걷기 운동을 하는 공원에서는 고령자들이 모여 생활 체조를 즐기고 있는 모습을 종종 볼 수 있다. 그저 천천히 몸을 움직이는 것뿐이라서, '나이가 많아도 쉽게 할 수 있는 운동이구나'라는 생각이 든다.

앞서 소개한 요가와 마찬가지로 생활 체조는 고령자를 위한 훌륭한 유산소 운동이다. 매일 정해진 시간이 꾸준히 하면, 빠르면 약 3주 안에 자연스럽게 몸에 익숙해진다. 약간 땀이 날 정도로 몸을 움직이면 스트레스, 불안, 우울이 감소하고 긍정적인 정서와 자신감을 높이는 효과가 있다.

처음에는 다소 힘들어서 그만두고 싶어질 수 있지만 인내심을 가지고 지속해보자. 다만, 자신과 잘 맞지 않는다면 무리할 필요는 없다. 하지만 일단 습관이 들면, 오히려 몸을 움직이지 않을 때 찌뿌둥하거나 답답함을 느낄 수 있다. 마치 걷기 운동을 규칙적으로 하던 사람이 비나 눈으로 인해 하루 쉬었을 때 답답함을 느끼는 것과 같다.

격렬한 운동은 부상의 위험이 있지만 생활 체조는 그런 걱정은 하지 않아도 된다. 넓은 공간이 필요하지 않아 집 안에서도 간단히 실천할 수 있는 건강법이므로 꼭 해보길 바란다.

6장

100세 시대, 날마다 더 즐거워지는 인생을 위하여

행복을 발견하는 연습,
'행복 일기'를 쓰자

매일 자신에게 일어나는 작은 행복을 일기에 적어보는 것은 어떨까? 이를 '행복 일기'라고 부르고자 한다. 행복 일기는 거창하거나 특별한 일이 아니어도 괜찮다. 아주 사소한 일이라도 행복을 느낄 수 있다면 충분하다. 길게 쓰지 않아도 되고, 간단히 나열하듯 적어도 괜찮다.

'지하철에 사람이 많았는데 운 좋게 앉았다. 럭키!'
'계속 찾았던 책을 드디어 발견했다. 해피!'
'자판기에서 주스를 뽑았는데, 한 병 더 나왔다! 나이스!'

이처럼 행복했던 순간들을 자유롭게 기록해보자. 때로는 특별하게 행복한 일이 없다고 느껴지는 날도 있을 것이다. 그런 날에는 '오늘은 아무 일 없이 평온하게 보냈다. 해피!'라고 적어보면 어떨까?

행복 일기를 쓰다 보면 의식적으로 행복한 일을 찾으려는 습관이 생긴다. 매일 밤 하루를 돌아보며 소소한 행복을 기록하다 보면, 점차 일상 속에서 행복을 더 쉽게 발견할 수 있게 된다. 긍정적인 에너지가 충만해져 하루하루가 더욱 즐겁게 느껴질 것이다.

미국 스탠퍼드대학교의 로라 L. 카스텐슨 교수는 일주일 동안 하루에 다섯 차례 무작위로 호출하고, 호출기가 울릴 때마다 그 순간의 감정을 기록하는 실험을 진행했다. 이 실험은 총 세 차례 진행되었고, 1회 184명, 2회 191명, 3회 178명의 실험 참가자가 참여했다.

그리고 13년 후 카스텐슨 교수가 참가자들과 다시 연락해 생존율을 조사했는데, 하루 중 긍정적인 감정을 자주 느꼈던 사람일수록 생존율이 높다는 결과가 나왔다. 이는 긍정적인 감정이 건강과 장수에 영향을 미친다는 점을 시사한다. 따라서 긍정적인 감정을 자주 경험하도록 해야 한다.

그러기 위한 방법이 '행복 일기'이다. 행복 일기는 특별한 형식이 필요 없다. 평소 사용하는 다이어리나 달력, 스마트폰 메모장에 짧게 적어도 된다. 누군가에게 보여주기 위한 것이 아니므로, 글씨가 깔끔하지 않아도 괜찮다.

한가할 때 작성된 행복 일기를 펼쳐보면, '내 일상에 이렇게 많은 행복이 있었구나!'라고 깨닫고 기쁨을 느낄 수 있다. 이러한 긍정적인 감정은 몸의 면역 기능을 활성화해 건강에도 도움이 된다.

'일기 쓰는 거 귀찮은데…'라는 생각은 접고 건강한 삶을 위해 자신만의 행복을 기록해보자. 행복 일기를 쓰는 데는 그리 많은 시간이나 노력이 필요하지 않다. 그런데도 그 효과는 매우 크다. 미루지 말고 오늘부터 시작해보면 어떨까?

행복한 삶을 위한 투자, '스마트홈' 기능

 오늘날 과학 기술의 발전은 매우 놀라운 수준에 이르렀다. 불과 10년 전만 해도 상상할 수 없었던 꿈과 같은 물건이 일상 속으로 들어오고 있다. 예를 들어, 목소리로 TV를 제어할 수 있고, 외부에서 스마트폰을 사용해 거실 에어컨을 작동시키거나 욕조의 물을 미리 따뜻하게 데울 수도 있다. 이 외에도 멀리 떨어진 가족과 간편하게 소통하거나 집의 방범 카메라를 강화하는 등 다양한 편의 기능이 가능하다.
 이처럼 최신 기술이 접목된 집을 '스마트홈'이라고 부른다. 여기서 '스마트'는 '영리하다'라는 의미로, 이러한 기술은 우

리의 일상을 아주 편리하게 만들어준다. 간혹 '나는 나이가 많아 이런 기술은 필요 없을 것 같아'라고 생각하는 사람도 있을 수 있다. 그러나 나이와 관계없이 삶을 보다 쾌적하고 편리하게 만드는 것은 중요하다.

미국 미주리대학교의 조지 데미리스 박사는 스마트홈을 도입한 65세 이상 성인 남녀를 대상으로 만족도를 조사했다. 그 결과, '멀리 떨어져 사는 자녀들과의 연락이 잦아지면서 외로움이 덜해졌다', '집안일이 편리해졌다' 등 긍정적인 의견이 많았다. '스마트홈에 돈을 쓰는 건 아까워'라고 생각하는 사람이라도 막상 도입해서 살아보면 정말 편리하다는 사실을 알게 될 것이다.

나이가 들면 괴로운 것도 참고 이겨내려고 한다. 수십 년 전에 구매한 에어컨을 지금까지 계속 사용하는 고령자도 적지 않다. 이는 시대적으로 '불필요한 소비를 피하라'는 교육을 받아온 세대 특성과 관련이 깊다고 볼 수 있다. '사치는 적이다'라는 사고방식이 미덕으로 여겨질 수 있지만 이미 충분히 애쓰며 살아왔으니 이제는 자신을 위해 약간의 사치를 누려보는 것도 좋지 않을까?

　스마트홈의 도입은 삶을 한층 풍요롭게 만들어줄 것이다. 생활의 질이 올라가면 일상에서 느끼는 즐거움도 자연스럽게 늘어나기 마련이다. 스마트홈과 같이 삶의 질을 높이는 데 돈을 쓰는 것은 낭비가 아니라 행복한 삶을 위한 투자이다. 죽으면 돈을 쓸 기회도 없으니, 살아 있는 동안에 삶을 더 편리하게 만들어 즐겁게 생활해보자.

일하는 60세의
멈출 수 없는 즐거움

만약 은퇴 후에도 몸이 건강하고 움직일 수 있다면, 어떤 형태로든 일을 계속하는 것이 좋다. 지금은 60대, 70대에도 활력이 넘치는 사람들이 많다. 그런 사람은 적극적으로 일하도록 하자.

특히 자영업자나 농업에 종사하는 사람들은 정해진 정년이 없는 경우가 많다. 따라서 신체가 허락하는 한 80세까지도 건강하게 일하는 모습을 흔히 볼 수 있다. 그래서인지 이들은 일을 통해 건강을 유지하고, 삶의 활력을 지속해서 얻고 있는 듯한 인상을 준다.

독일 야콥스대학교의 캐서린 E. 보웬 박사는 28개 나라에서 각각 최소 1,500명씩 모아 조사를 했다. 그 결과, 65세 이상일지라도 일을 하는 사람은 일하지 않는 사람보다 더 즐겁게 사는 것으로 나타났다.

프랑스 보르도대학교의 캐롤 듀폴리 교수는 은퇴자 약 43만 명을 대상으로 조사를 했는데, 근무 연수가 1년 늘어날 때마다 치매에 걸릴 위험이 3.2% 감소한다는 놀라운 결과를 발표했다. 이는 일을 계속하는 것이 뇌를 자극하고 치매 예방에 도움이 된다는 사실을 보여준다.

일하지 않고 시간을 보내면 부정적인 생각에 사로잡히기 쉽다.

'나는 이제 다 끝났어.'
'이제 슬슬 죽음을 준비해야겠지.'
'매일 뭘 하며 살아야 할까?'

이처럼 정신적으로 무기력해질 수 있다. 그런 측면에서 일하는 사람은 여전히 자신이 현역이라는 생각을 가지게 되어 정신적으로 더 젊은 상태를 유지할 수 있다. 물론 은퇴 후에는 무리하지 않는 선에서 일하는 것이 좋다. 젊은 시절처럼 전일제로 많은 시간과 에너지를 쏟으면서 일하지 않아도 된다. 하루에 몇 시간 또는 주 2~3일 정도만 일해도 충분하다.

일하면 그만큼 돈도 벌어 자신이 원하는 곳에 사용할 수도 있다. 경제적인 여유를 가져다줄 뿐만 아니라 정신적으로도 젊은 상태를 유지할 수 있으니, 이것이야말로 일거양득이다.

오늘날 많은 회사가 60세 또는 65세에 정년을 두고 있지만 현대의 65세는 너무 젊게 느껴질 정도다. 백세시대라는 말처럼 앞으로 10년 이상 거뜬히 일할 수 있는데 말이다.

최근에는 정년을 연장하자는 의견도 많이 나오고 있다. 이는 매우 긍정적인 방향이다. 무리하지 않는 선에서 일할 수 있을 때까지 일한다면 신체적, 정신적 건강을 모두 챙길 수 있을 것이다.

나를 슬프게 하는 음악은 듣지 않는다

늘 불안하고 부정적인 생각이 자꾸 떠오른다면, 경쾌한 음악을 듣는 것이 기분 전환에 큰 도움이 된다. 빠른 박자의 경쾌한 음악은 무의식적으로 우리의 기분을 긍정적으로 변화시키는 힘이 있다.

특히 클래식 음악 중에서는 로시니의 『윌리엄 텔 서곡(William Tell Overture)』, 쇼팽의 『강아지 왈츠(Minute Waltz)』, 브람스의 『헝가리 무곡 제5번(Hungarian Dance no.5)』 등을 추천한다. 이런 곡들은 듣기만 해도 마음이 가볍고 행복한 기분이 든다.

반대로 슬픈 음악은 최대한 피하는 것이 좋다. 슬픈 음악을 듣게 되면 슬픈 정서를 자극해 과거와 회한에 사로잡히기 쉽고 그로 인해 '나이가 들었다'라는 감정을 더 강하게 느낄 수 있기 때문이다.

독일 하이델베르크대학교의 앤 J. 더트 박사는 40~80세 사이의 성인 144명을 대상으로 슬픈 음악을 들려준 뒤 실제 나이와 주관적 나이를 물었다. 그 결과, 슬픈 음악을 들은 사람들은 실제 나이보다도 주관적 나이를 더 높게 답했다.

예를 들어, 실제 나이가 50세인 사람이 자신의 주관적 나이를 65세 정도로 여기는 식이었다. 이는 슬픈 기분이 사람에게 나이가 들었다는 인식을 더 강하게 만든다는 사실을 보여준다.

미국 웨인주립대학교의 스티븐 스택 교수는 미국 내 49개 주의 라디오 방송에서 컨트리송의 방송 빈도와 자살률 간의 관계를 조사했는데, 컨트리송이 자주 방송되는 지역일수록 자살률이 높다는 놀라운 결과가 나왔다. 이는 아마도 컨트리송에 감상적이거나 우울한 정서의 곡이 많은 것과 연관이 있지 않을까 추정된다.

음악을 들을 때는 기분이 밝아지고 유쾌해지는 곡을 선택해보자. 팝이든 클래식이든, 자신이 좋아하는 장르 중에서 기분이 좋아지는 곡을 몇 가지 정해두는 것도 좋다. 만약 낮에 안 좋은 일이 있었다면 집에 돌아와 좋아하는 곡을 듣는 것이다. 그러면 하루의 부정적인 감정을 전부 새롭게 리셋할 수 있다.

프로 스포츠 선수들이 경기 전 이어폰으로 음악을 듣는 모습을 자주 볼 수 있다. 이는 자신이 좋아하는 음악을 들으며 심리적 긴장을 풀고, 경기에 대한 의욕과 집중력을 끌어올리는 행동이다.

그들이 어떤 음악을 듣고 있는지 알 수는 없지만 아마도 빠른 박자의 경쾌한 음악일 가능성이 크다. 어둡거나 슬픈 음악은 오히려 기분을 가라앉게 만들어 실력이 떨어질 수도 있기 때문이다.

나만의 특별한
스트레스 해소법

'나는 이것만 하면 기분이 좋아져!'라고 생각하게 되는 스트레스 해소법을 찾아보자. 종이접기, 낙서하기, 친구와의 대화, 샤워하기, 영화 보기 등 무엇이든 좋다. 중요한 것은 기분이 바닥으로 곤두박칠쳤을 때 다시 회복시켜 줄 수 있는 방법을 찾는 것이다.

기분이 우울하거나 스트레스를 받을 때마다 자신만의 방법으로 해소하려고 노력하면, 점차 '조건화'가 이루어진다. 그 행동을 하면 바로 기분이 좋아지는 것이다.

앞서 우리는 부정적인 감정에 휩싸일 때마다 몸과 마음이 지쳐 '늙어버린다는 것'을 이야기했다. 따라서 '조건화'를 잘 활용하여 고민과 스트레스가 찾아올 때마다 즉시 해소하고, 마음의 균형을 되찾는 습관을 들이는 것이 중요하다.

미국 듀크대학교의 다나 코터 그룬 박사는 평균 연령 74.65세의 성인 43명을 대상으로, 9일 동안 슬픔이나 화 같은 부정적인 감정을 느끼는 빈도, 언쟁에서 비롯한 스트레스를 받는 빈도, 신체 고통을 느끼는 빈도를 기록하게 했다. 그리고 밤에는 '오늘 나는 몇 살이라고 느끼는가'를 기록하게 했다.

그러자 부정적인 감정을 느끼지 않은 날에는 실제 나이보다 약 14.93세 젊게 느꼈고, 스트레스를 받지 않은 날에는 약 15.17세 젊게 느꼈다. 그리고 무릎이나 허리 등 신체적 고통이 없는 날에는 약 14.70세 젊게 느낀다는 것을 발견했다. 이 연구는 우리가 주관적으로 생각하는 나이가 스트레스나 신체 고통과 밀접하게 관련되어 있음을 보여준다.

살아가면서 스트레스를 전혀 받지 않을 수는 없겠지만 스트레스를 빠르게 해소할 방법은 충분히 찾을 수 있다. 나는 기분이 가라앉거나 불쾌한 일이 있을 때마다 '손과 얼굴 씻기'를 한다. 이 방법은 오랜 시간 동안 나만의 스트레스 해소법으로 자리 잡아 이제는 완전히 '조건화'가 되어, 차가운 물로 손과 얼굴을 씻으면 바로 머리가 맑아지고 기분이 상쾌해진다.

'커피 한 잔 마시기', '양치질하기', '껌 씹기' 등 무엇이든 괜찮으니, 자신만의 스트레스 해소법을 찾도록 하자. 스트레스를 쌓아두지 않고 바로 해소하는 습관은 몸과 마음을 더 젊고 건강하게 유지하는 데 큰 도움이 될 것이다.

부자는
다투지 않는다

　돈은 심리적 여유를 가져다주어 삶에 안정감을 더한다. 만약 아직 현역에 있다면 가능한 한 일에 매진하기를 권한다. 일한 만큼 경제적 보상을 얻을 수 있기 때문이다.
　'부자는 다투지 않는다'라는 말이 있다. 이는 어느 정도 재정적 여유가 있으면 불안감이나 스트레스를 덜 느끼게 된다는 것을 의미한다. 이처럼 경제적 안정은 마음에 여유를 가져다준다.
　저축이 있는 부부는 사소한 다툼조차 줄어드는 법이다. 부부 관계가 좋으니 스트레스가 적다. 반대로 다툼이 잦은 부부는 대개 은행 대출이나 자녀 교육비와 같은 경제적 문제가 원인인 경우가 많다.

네덜란드 호로닝언대학교의 나르디 스테버링크 교수는 40~85세 사이의 성인 4,034명 중 신체 기능의 저하가 적은 사람들의 특징을 조사했다. 그 결과, 고수입자일수록 건강을 오래 유지하는 경향이 있다는 것을 발견했다. 신체 기능의 저하가 적으니 더 긴 시간 동안 건강하게 삶을 즐길 수 있다.

반면 경제적 어려움을 겪는 사람들은 종종 '노후를 어떻게 살아야 할까?'라는 불안을 안고 살아간다. 매일 경제적인 불안이나 걱정을 하며 살아가니 신체의 여기저기에 문제가 생기는 것도 당연하다.

이와 관련하여 또 다른 흥미로운 연구가 있다. 포르투갈 포르투대학교의 리아 아라우주 박사가 100세 이상의 고령자 80명을 대상으로 인터뷰 조사를 진행했는데, 경제적으로 여유로운 사람일수록 '나는 잘 나이 들고 있다'라고 답했다고 한다. 이는 역시 경제적 안정이 심리적 여유와 만족감을 높이는 중요한 요인임을 보여준다.

다만, 돈을 벌고자 하는 열망이 지나쳐서 경마, 경륜, 슬롯머신 등의 도박과 같은 수단에 의존해서는 안 된다. 이는 확실하게 돈을 번다는 보증을 할 수 없으며, 도박은 본질적으로 돈을 지불하고 스릴을 즐기는 오락으로만 봐야 한다. 도박은 결코 안정적인 수입원이 될 수 없다.

주식 투자 또한 신중해야 한다. 흔히들 투자는 도박과 다르다고 말하지만 투자 실패로 인해 큰 손해를 입는 경우도 적지 않다. 도박이나 복권 등으로 단기간에 큰돈을 벌겠다는 일확천금의 꿈에 매달리기보다 꾸준히 일하며 자산을 모으는 것이 더 현명하다. 일부러 위험한 선택을 할 필요는 없다.

경제적 여유를 원한다면 돈을 버는 것 못지않게 '돈을 쓰지 않는 습관'도 중요하다. 예를 들어 급여가 많지 않더라도 자신의 소득 범위 내에서 생활하는 습관을 지니면 자연스럽게 저축이 늘어날 것이다. 경제적인 여유를 가지고 싶다면 소비를 줄이고 절제하는 습관이 경제적 안정의 비결임을 기억하자.

죽음과 직면한 경험에서
얻을 수 있는 것들

누구나 예상치 못한 사고나 불행과 마주하는 것을 원하지 않을 것이다. 하지만 실제로 이러한 경험을 겪은 사람들과 이야기를 나눠보면, 불의의 사고가 오히려 삶에 유익한 영향을 미쳤다고 말하는 경우를 종종 볼 수 있다. 이는 우리가 단순히 불행으로만 여겼던 일이 새로운 시각에서 보면 다른 의미를 지닐 수 있다는 점을 시사한다.

미국 애리조나주립대학교의 리처드 T. 키니어 교수는 '죽음에 가까운 경험'을 한 평균 연령 50세의 17명을 대상으로 심리적 변화를 조사했다. 조사 대상자 중 8명은 암 투병 경험이 있었고, 3명은 교통사고, 2명은 다이빙 사고, 2명은 심장이식, 1명은 신장이식 그리고 1명은 심장 발작을 겪었다.

놀랍게도 이들은 자신의 경험을 긍정적으로 받아들이고 있었다. 공통으로 그들이 언급한 주요 변화는 '물질에 대한 집착이 없어졌다'는 것이었다. 고급 자동차를 타고 싶다거나 호화로운 주택에 살고 싶다는 등의 욕망이 크게 줄어들었다고 말했다.

이처럼 '죽을 위기의 상황'을 경험하면 단순히 살아 있다는 사실만으로도 감사함을 느끼게 되고, 물질적 욕망이 자연스럽게 사라지게 된다.

또 다른 변화로는 '사람들에게 더욱 다정해진다'라는 점을 들 수 있다. 평소 화를 잘 내던 사람이라도 이러한 극적인 경험을 통해 가족과 친구의 소중함을 깨닫고, 타인에게 다정하고 온화한 태도로 변하게 된다.

더 나아가, 이들은 '사소한 일에 집착하지 않고 낙천적으로 변한다'라고도 말했다. 죽음을 가까이에서 경험하면 대부분 일이 상대적으로 사소하게 느껴져 걱정이나 염려가 줄어든다는 것이다.

나이가 들수록 예기치 못한 사고가 발생할 가능성은 커진다. 반사 신경이 둔해하면서 교통사고를 당할 수도 있고, 사소한 실수로 넘어지거나 갑작스러운 심근경색을 겪을 수도 있다. 그러나 설령 죽음에 이를 뻔한 사고를 경험하더라도, 이후의 삶에서 긍정적인 변화가 나타날 수 있음을 기억한다면, 다시금 주어진 삶 속에서 새로운 의미를 발견할 수 있을 것이다.

'죽음'을 의식하게 되면, 사람은 다정해지거나 세상이나 사회에 보답하고 싶어지는 등 바람직한 변화가 일어난다. 심리학에서는 이와 같은 현상을 '스크루지 효과(scrooge effect)'라고 한다. 이는 찰스 디킨스의 소설 『크리스마스 캐럴』의 주인공 스크루지에서 비롯된 이름이다. 냉혈하고 탐욕스러웠던 스크루지가 죽음을 마주한 계기를 통해 이타적이고 따뜻한 사람으로 다시 태어난다는 이야기에서 착안한 개념이다.

결론적으로, 죽음을 의식하는 경험은 결코 나쁘다고만 할 수 없다. 만일 불행한 일이 닥치더라도 이를 긍정적으로 받아들이고, 감사하는 마음으로 대한다면 삶은 더욱 풍요로워질 것이다.

햇볕은
최고의 우울증 예방약

날씨가 맑고 화창한 날에는 가능하면 외출하여 햇볕을 쬐자. 햇볕을 쬐는 것은 우리를 기분 좋게 만들고 상쾌함을 느끼게 한다.

이란 테헤란의과대학교의 나이에르 코라미냐 박사는 우울성 장애를 앓고 있는 외래 환자 40명을 대상으로 1,500IU의 비타민 D를 처방한 후 2주 간격으로 우울 증상을 측정하자 상태가 눈에 띄게 개선되었다는 것을 발견했다.

비타민 D는 우울 증상 완화에 효과가 있는 것으로 알려져 있으며, 일상생활 속에서는 햇볕을 쬐는 과정에서 자연스럽게 체내에 성성된다. 날씨가 좋은 날 외출하면 '정말 기분 좋다!'라고 느끼는 이유 중 하나가 바로 햇볕으로 인해 생성된 비타민 D 덕분이라고 할 수 있다.

특히 아침 산책을 하며 햇볕을 쬐는 것이 좋다. 만약 산책이 어렵다면 베란다에 나가거나 창문을 열어 햇빛이 실내로 들어오도록 하는 것도 효과적인 방법이다.

전 세계적으로 코로나19가 확산되었던 시기에는 정부의 방침에 따라 '외출 자제'가 요구되기도 했다. 바이러스 감염을 방지하기 위한 불가피한 조치였지만 외출하지 않게 되면서 우울증이나 우울감과 유사한 증상을 경험하는 사람들이 날이 갈수록 많아졌었다.

이러한 양상은 햇볕을 쬐지 않으면 우리의 정신 건강이 쉽게 악화될 수 있다는 것을 보여주는 사례이다.

특히 고령자는 나이가 들면서 기분이 우울해지는 경우가 많은데 그 원인 중 하나도 외출 부족이 지목된다. 외출을 많이 하고 햇볕을 자주 쬐는 고령자는 그렇지 않은 경우보다 우울 상태에 빠질 가능성이 낮다.

미국 센트럴미시간대학교의 안미향 교수는 미국인과 인도인을 대상으로 근무 시간 동안 햇볕을 얼마나 쬐는지와 불안 및 우울의 정도를 조사했다. 그 결과, 외근하며 직접적으로 햇볕을 쬐는 사람은 사무실 내에서 주로 창문을 통해 간접적으로 햇볕을 쬐는 사람에 비해 불안감이 적고 우울증에 걸릴 가능성이 낮은 것으로 나타났다.

따라서 하루의 대부분을 실내에서 보내는 사람이라면 점심 시간에 밖에서 도시락을 먹거나 휴식 시간에 외출하여 햇볕을 쬐고 신선한 공기를 마시는 습관을 들이는 것이 우울증 예방에 도움이 될 것이다.

나이 60,
이제 느슨해져도 괜찮다

　청소든, 일이든, 그 어떤 일이든 마찬가지인데, 모든 것을 완벽하게 해내려는 마음은 우리의 삶을 피곤하게 만든다. 때로는 '이 정도면 괜찮아'라는 마음가짐이 필요하다.

　예를 들어, 청소할 때 천장에서 바닥까지 구석구석 반짝거리게 닦아내는 것이 아니라 눈에 보이는 곳만 깨끗하게 정리해도 충분하다. 마당을 정리할 때도 모든 잡초의 뿌리를 완벽하게 제거하려고 애쓰는 것보다 눈에 거슬리는 부분만 가볍게 정리하는 것만으로도 충분하다.

　얼마나 적당히 할지는 자신의 판단에 맡기면 된다. 이렇게 하면 완벽하게 해내려는 마음에서 비롯하는 피로감을 줄일 수 있다.

스위스 취리히대학교의 페트라 H. 비르츠 박사는 건강한 중년 남성 50명을 대상으로 완벽주의 성향을 측정하는 심리 검사를 진행하고, 타액을 채취해 스트레스 호르몬, 코르티솔(cortisol)의 수치를 분석하여 스트레스 레벨을 측정했다. 그 결과, 완벽주의 성향이 강한 사람일수록 스트레스를 느끼기 쉽다는 것을 발견했다. 이는 완벽을 추구하는 태도가 우리의 심신에 부담을 주어 스트레스가 쌓일 수 있음을 보여준다.

당연한 이야기겠지만 완벽해지려고 노력하면 적당히를 넘어선다. 모든 일에 신경을 곤두세우게 되고, 이로 인해 자신뿐만 아니라 주변까지도 피로가 쌓인다. 그러므로 무슨 일이든 완벽한 기준치의 절반 정도를 해내면 '이 정도면 충분하다!'라는 나만의 기준을 만들어보는 것이 좋다.

자신에게 지나치게 엄격한 잣대를 들이대는 습관은 멈추자. 가끔은 적당히 해도 괜찮지 않을까? 그리고 그러는 편이 더 사람답게 느껴진다. 요리할 때도 레시피를 하나부터 열까지 완벽히 지키려 하기보다는 조금씩 대충 만들어도 괜찮다.

빨래를 개는 일도 마찬가지이다. 꼭 각을 잡아 옷가게 진열대처럼 완벽히 개야 하는 것은 아니다. 책을 읽을 때도 처음부터 끝까지 한 글자, 한 글자 읽으려는 압박감을 내려놓고, 필요한 부분만 적당히 훑어보는 것도 하나의 방법이다.

적당히 한다는 것은 결코 게으른 태도가 아니다. 이는 우리의 삶을 조금 더 여유롭고 기분 좋게 만들어준다. 완벽을 추구하지 않으면 스스로 압박하지 않아도 되고 마음의 긴장도 그만큼 덜 수 있다. 조금만 더 여유롭게 삶을 바라보자. 그것이 행복에 다가서는 방법이다.

철학자 칸트의
장수 비결

 매일의 일상 루틴은 최대한 일정하게 유지하는 것이 중요하다. 식사 시간이 요일에 따라서 변하거나 기상 및 취침 시간이 날짜에 따라 들쑥날쑥하면 신체적, 심리적으로 부정적인 영향을 받을 수 있다. 따라서 정해진 생활 리듬을 유지하려는 노력이 필요하다.
 모로코 카사블랑카대학교의 나디아 카드리 교수는 이슬람교를 믿는 조울증 환자 20명을 대상으로 조사를 했다. 이 환자들은 리튬 치료로 증상이 안정된 상태였으나 이슬람교의 단식 기간 '라마단 기간'이 되면 증상의 45%가 악화된다는 것

을 발견했다.

물론 종교적인 이유로 어쩔 수 없는 상황이지만 이처럼 신체 리듬이 바뀌면 몸과 마음의 상태도 엉망이 되기 쉽다.

이와 같은 사례는 누구에게나 해당될 수 있는 문제다. 젊은 사람들도 주말이라고 해서 늦게 자거나 밤샘을 하는 행동은 피해야 한다. 루틴과 신체 리듬이 깨지면 다음 주가 되어서도 컨디션이 회복되지 않아 힘든 경험을 하게 될 가능성이 크다.

'주말이니까 밤새 즐기자!'라는 태도는 결국 몸이 정상적인 상태로 돌아가는 데 더 많은 시간과 에너지를 필요하게 만든다. 따라서 주말이나 휴일이라도 원래의 생활 패턴을 지키는 것이 건강을 유지하는 데 중요하다.

매일 같은 시간에 잠자리에 들고 같은 시간에 일어나면 불면증과 같은 수면 문제에 시달릴 일이 거의 없다. 신체는 일정한 시간에 맞춰 '휴식 모드'로 들어가게 되므로 자연스럽게 잠이 잘 오는 것이다.

독일의 근대 철학자 칸트는 매일 정해진 생활 습관을 반드시 지켰다. 그는 하루에 점심 한 끼만 먹고, 매일 같은 시간에 산책했다. 그의 산책 시간이 워낙 정확해서 마을 사람들은 칸트가 산책하는 시간을 기준으로 집의 시계를 조정했다고 전해진다. 이렇게 규칙적인 생활을 유지해서인지, 칸트는 당대 기준으로는 매우 장수한 79세까지 건강을 유지할 수 있었다.

'규칙적인 생활은 지루하다.'
'반복되는 하루하루가 지겹다.'

많은 사람이 이렇게 생각할 수 있다. 하지만 아무 일 없이 아주 평범한 일상을 유지하는 것이 오히려 심신의 건강을 유지하는 데 아주 좋다는 것을 기억하자.

도시와 비교할 수 없는,
시골 생활의 매력

시골에서 사는 것은 도시와는 또 다른 매력이 있다. 도시는 다양한 오락 시설과 편의 시설이 있어 매력적이지만 시골에는 그곳만의 고유한 장점이 있다. 시골 생활의 가장 큰 장점은 깨끗한 공기를 마실 수 있다는 것이다. 시골은 동네에서 조금만 걸으면 산과 숲이 펼쳐져 있는 만큼 자연환경이 풍부하고 자동차나 공장이 적어 도시보다 훨씬 깨끗하며 공기가 상쾌하다. 이렇게 대기오염이 적은 환경은 인간의 심리적 안정과 행복에도 긍정적인 영향을 미친다.

영국 런던정치경제대학교의 조지 맥케런 박사는 런던 시민 약 4,000명을 대상으로 거주지의 대기오염 정도와 삶의 만족도를 조사했다. 그 결과, 대기오염의 주요 지표인 연간 평균 이산화질소(NO2)의 농도가 $10\mu g/m^3$(μg: 마이크로그램) 증가할 때마다 삶의 만족도가 11단계 척도에서 0.5씩 감소하는 것으로 나타났다. 이는 대기오염이 심할수록 우리가 삶에서 기쁨을 느끼기 어려워진다는 사실을 보여준다.

반면에 깨끗한 공기는 우리가 인지하지 못하는 사이 우리의 심리상태를 더욱 긍정적으로 바꿀 수 있다.

도시에서 생활하다 보면 보통 우리가 마시는 공기에 대해 깊이 생각하지 않게 된다. 눈에 보이지도 않으므로 호흡할 때 일부러 의식하지 않는 한 공기를 충분히 들이마시거나 천천히 몸에서 빠져나가는 걸 느끼면서 호흡하지 않게 된다. 무엇보다 바쁜 일상 때문에 깊게 호흡하며 공기를 인식할 여유가 없는 것이다.

만약 도시 생활에 지쳤다고 느낀다면, 시골에서의 생활을 고려해보는 것도 좋다. 시골은 도시만큼 편리하지는 않지만 그 불편함을 조금만 감수한다면 건강과 마음의 평안을 얻을 수 있는 매력적인 선택지가 된다.

　직업이나 생활 여건 때문에 시골로 이사하는 것이 어렵다면, 자연이 풍부한 교외 지역으로 거처를 옮기거나 쉬는 날 시골로 여행을 떠나는 것도 좋은 방법이다. 공기가 깨끗한 곳에 있으면 자연스럽게 호흡이 깊어지고 마음이 상쾌해지며 행복감도 한층 높아질 것이다.

적당한 음주는 오히려 건강에 좋다

옛말에 '술은 백약의 으뜸'이라는 표현이 있는데, 술을 마시면 실제로 건강해지는 것처럼 느껴지기도 한다. 물론 체질적으로 술을 전혀 마시지 못하는 사람이라면 어쩔 수 없지만 술을 마실 수 있는 사람이라면 과음이 아닌 적당한 음주는 긍정적인 효과를 가져올 수 있다.

영국 페닌슐라의과대학교의 이언 랭 박사는 50세 이상의 성인 6,005명의 하루 음주량을 조사하여 음주량에 따라 술을 많이 마시는 사람, 적당히 마시는 사람, 거의 마시지 않는 사람, 총 3개의 그룹으로 나눠 비교했다.

거의 마시지 않는 그룹은 하루 알코올 섭취량이 14g 이하인 사람들이다. 참고로 알코올 도수 5%인 캔맥주(350ml)의 알코올양이 14g이다. 즉, 매일 저녁 반주로 캔맥주 한 캔 이하의 그룹이 거의 마시지 않는 사람이다.

적당히 마시는 그룹은 하루 알코올 섭취량이 14~28g으로, 캔맥주 약 두 캔 정도이다.

많이 마시는 그룹은 하루 알코올 섭취량이 28g 이상으로, 캔맥주 세 캔 이상을 마시는 사람이다.

연구 결과, 적당한 저녁 반주를 즐기는 사람일수록 신체적으로 더 건강하며 우울증 위험도 낮은 것으로 나타났다. 특히 저녁 반주로 캔맥주 두 캔 정도의 음주량이 가장 긍정적인 효과를 보였다.

술을 마실 때 '이 술로 걱정을 날려보자'라는 긍정적인 자기 암시를 걸어보면 더욱 효과적일 수도 있다.

미국 코네티컷대학교의 크리스탈 L. 박 교수는 술을 마시면 '걱정이 사라진다', '자신감이 생긴다', '외향적으로 변한다'라고 믿는 사람일수록 술을 마시면 자기 믿음대로의 효과를 느끼는 경향이 있다는 것을 확인했다. 아마도 이는 플라세보 효과일 가능성이 크지만 어차피 술을 마신다면 긍정적인 효과를 기대하며 마시는 편이 더 좋지 않을까?

술은 스트레스 해소에 도움이 될 수 있다. 하지만 이를 건강에 해롭다고만 생각하며 마시면 그 효능을 제대로 누리기 어렵다. 반대로 '이 한 잔으로 나는 100세까지 살 수 있을 거야'라고 생각하며 기분 좋게 반주를 즐긴다면 심리적으로 더욱 만족스러운 효과를 얻을 수 있다.

다만 중요한 점은 과음은 절대 금물이라는 것이다. 그리고 매일 술을 마시는 것보다는 휴식일을 정해 신체를 쉬게 하는 것이 필요하다. 술의 긍정적인 효능은 어디까지나 적당히 마실 때만 유효하다는 점을 명심해야 한다.

○ 에필로그

노후 불안을 느끼는 사람은 적지 않다. 조사에 따라 차이가 있긴 하지만 약 70~90%의 사람들이 '노후가 불안하다'라고 느낀다고 한다.

하지만 이 책을 여기까지 읽었다면 이제는 깨달았을 것이다. 나이가 들어도 얼마든지 행복하게 살 수 있다는 사실을 말이다. 유쾌하고 즐거운 노후를 보내는 일은 생각만큼 어렵지 않다.

이 책에서는 성공적인 나이 듦을 위한 다양한 심리 기법을 소개했다. 그중에서 '이거라면 나도 할 수 있겠다'라는 생각이 드는 기법이 있었다면, 직접 실천해보기를 권한다. 작지만 꾸준한 실천이 삶을 더욱 행복하게 만들어줄 것이다.

더 나아가 이 책에서 다룬 심리 기법은 나이가 든 사람만을 위한 것이 아니다. 젊은 세대 또한 충분히 활용할 수 있다.

부정적인 사고에 빠지기 쉬운 사람이나 쉽게 의욕을 잃는 사람에게도 이 책에서 소개한 기법은 효과적이니 나이 들기를 기다리지 말고 지금부터 실천해보자. 젊은 시절부터 낙관적으로 생각하는 습관을 들이면, 나이가 들어서도 긍정적인 삶의 태도를 유지할 수 있다.

심리학에도 다양한 분야가 있는데, 이 책에서 다룬 내용은 일반적으로 '긍정 심리학'과 '노년 심리학'으로 불린다. 만약 이러한 주제에 대해 더 깊이 알고 싶다면 관련 서적을 읽어도 좋다. 그 안에서 멋진 노후를 준비하는 데 도움이 될 만한 여러 가지 힌트를 발견할 수 있을 것이다.

마지막까지 이 책을 읽어 준 독자 여러분에게 진심으로 감사의 마음을 전한다. 노후에 대해 불안을 느끼는 사람이 많겠지만 너무 걱정하지 않아도 된다. 나이가 든다고 해서 불행해지지 않는다. 불필요한 두려움은 내려놓고, 즐거운 마음으로 하루하루를 살아가면 된다.

그럼 다시 만날 그날을 기약하며 이만 펜을 놓는다.

나이토 요시히토(內藤誼人)

딱 10년 젊게 사는 요즘 60세의 심리학
즐겁게 나이 들고 싶은 당신을 위한 69가지 심리 기술

발행일 1판 1쇄 2025년 9월 30일

지은이 나이토 요시히토(内藤誼人)
옮긴이 박은주
발행인 채희만
출판팀 강미연, 최은서 | **마케팅팀** 한석범, 성희령 | **경영관리팀** 이승희
발행처 인피니티북스 | **브랜드** 인라우드
주　소 경기도 고양시 일산동구 하늘마을로 158, 대방트리플라온 C동 209호
대표전화 02)302-8441 | **팩스** 02)6085-0777

도서문의 및 A/S 지원
홈페이지 www.infinitybooks.co.kr | **이메일** helloworld@infinitybooks.co.kr
ISBN 979-11-7533-000-9 (03180) | **등록번호** 제2021-000018호
판매정가 18,000원

· 인라우드는 인피니티북스(주)의 브랜드입니다.
· 파본은 구입처에서 교환하여 드립니다.